O LIVRO DA MEDICINA
Moacyr Scliar

O LIVRO DA MÚSICA
Arthur Nestrovski

O LIVRO DO GUITARRISTA
Tony Bellotto

O LIVRO DO ATOR
Flavio de Souza

O LIVRO DA DANÇA
Inês Bogéa

O LIVRO DO CIENTISTA
Marcelo Gleiser

O LIVRO DO DENTISTA
Daniel Korytnicki

O LIVRO DO PALHAÇO
Cláudio Thebas

O LIVRO DO PSICÓLOGO
Yudith Rosenbaum

COLEÇÃO PROFISSÕES

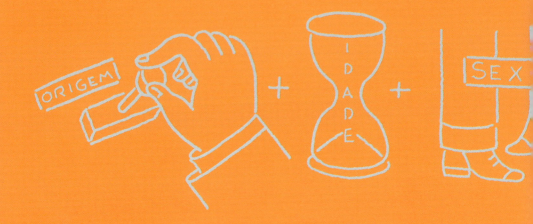

O livro do PSICÓLOGO

YUDITH ROSENBAUM

Ilustrações de *Marcelo Cipis*

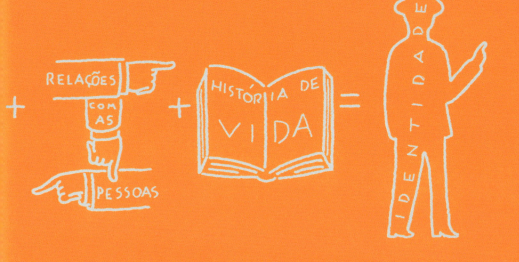

Este livro foi escrito e reescrito ao longo de alguns anos. Muitas coisas aconteceram nesse tempo. Uma das mais intensas e desafiadoras foi o nascimento dos meus dois filhos, André, de cinco anos, e Tomás, de três. A ambos, dedico essa minha história de psicóloga.

Também para o meu pai, que não conheceu os netos, fica aqui a minha gratidão pela vida alegre que teve e que me ensinou a ter, rindo sempre das minhas inúteis tentativas de encaixá-lo nas teorias da psicologia.

SUMÁRIO

p. 11
UM PALPITE CERTEIRO

p. 13
BRINCANDO DE ADIVINHAR

p. 34
ALFREDO E EU

p. 21
MUDANÇA DE PLANOS

p. 24
INATO OU APRENDIDO?

p. 49
DETETIVE DE ALMAS

p. 41
VISITANDO OS LOUCOS

p. 56
DESCOBRINDO FREUD

p. 70
PSICÓLOGOS TAMBÉM SONHAM

p. 80
MINHA ÁRVORE

p. 85
A PSICOLOGIA NA ESCOLA

p. 88
ENFIM, MEU PACIENTE!

UM PALPITE CERTEIRO

Eu devia ter uns cinco anos quando ouvi pela primeira vez meu pai dizer: "Essa menina vai ser psicóloga". Eu não tinha a menor idéia do que aquilo significava, mas ele dizia com tanta satisfação que realmente parecia legal ser isso um dia. Hoje entendo um pouco melhor por que meu pai imaginou que eu fosse ter essa profissão.

Na pré-escola, por ser muito carinhosa com as crianças, eu costumava ser chamada pelos professores quando algum colega de classe começava a chorar. Isso às vezes acontecia no recreio, ou porque um puxava o cabelo do outro, ou simplesmente porque alguém se sentia sozinho vendo os outros brincarem. Numa dessas vezes, minha colega Alice estava chorando num canto do pátio. Eu cheguei perto, passei a mão no cabelo dela e propus algumas brincadeiras. E não sei bem como, mas ela foi se distraindo, esqueceu o motivo do choro e deu um sorriso gostoso.

Não pense que eu tinha uma bondade assim tão grande. É que eu gostava de brincar de professora, e os amigos tristonhos eram uma boa oportunidade para praticar. Eu também gostava de ver que a tristeza era passageira e a alegria podia voltar.

Isso bastou para que eu ganhasse fama de boa amiga na escola e — como dizia meu pai — futura psicóloga. Mas será que ser psicólogo é isso? Consolar a tristeza das pessoas?

Quase quarenta anos depois das cenas na escola, e já como psicóloga formada há vinte e cinco anos, posso dizer que a tarefa de um psicólogo não é consolar nem fazer brincadeiras para alegrar os outros, ainda que isso possa acontecer de vez em quando no nosso trabalho. Mas quem sabe eu já tivesse, aos cinco anos de idade, o que hoje acredito ser muito importante para minha profissão: interesse e afeto pelas pessoas. Também conta muito ser curioso sobre o comportamento humano, e sensível em relação aos problemas que todos enfrentam em suas vidas. Resumindo: gostar de gente é a primeira condição para alguém ser psicólogo. O resto se aprende.

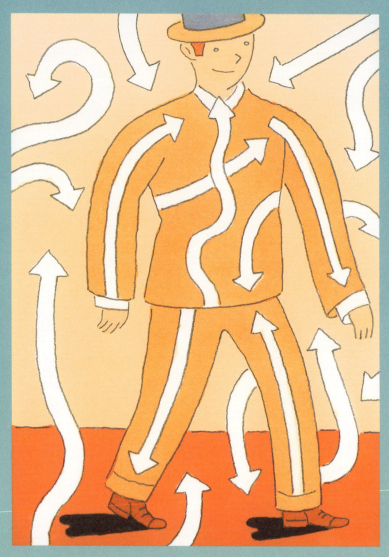

BRINCANDO DE ADIVINHAR

Esse meu "jeito de psicóloga" aparecia em muitos momentos da minha vida, e com certeza você também vai se lembrar de cenas semelhantes. Dizem mesmo que de psicólogo e de louco todo mundo tem um pouco...

Nas férias escolares, quando minha família não viajava, eu costumava ficar horas sentada no pequeno jardim que havia na porta do prédio onde morávamos — uma rua feinha, mas muito divertida pela quantidade de gente que passava por lá o dia inteiro. Era no Bom Retiro, um bairro de São Paulo.

Eu gostava de adivinhar, pela cara e pelo modo de andar das pessoas, qual seria a profissão delas. Ficava "viajando" nas expressões do rosto e nas roupas de quem andava por ali. Passava um homem de terno, com pasta na mão, eu pensava: "Esse é arquiteto, e faz prédios para a gente morar". Era só ver alguém de branco e eu logo dizia: "Aquele ali é médico de crianças". Se o homem tinha óculos no nariz e uma caneta no bolso, eu adivinhava no ato: "Esse é professor e ensina matemática". E assim por diante.

Eu era muito tímida com desconhecidos, por isso não tinha coragem de puxar assunto com ninguém. Até que um dia, numa dessas tardes de adivinhações, uma mulher alta e magra, que eu podia jurar que era aeromoça, veio até mim. Levei um susto por ela ter chegado tão perto! Ela era bem simpática e começou a conversar comigo.

— Eu sempre vejo você na entrada desse prédio. Você mora aqui?

— Moro — respondi, com os olhos baixos.

— E o que você faz sozinha toda tarde?

— Vejo as pessoas — eu disse sorrindo, já mais confiante.

— Ah! Então você também já me conhece.

— Bem… não… mas sei que você serve as pessoas no avião.

A mulher riu sem entender muito, e se despediu:

— Agora preciso ir trabalhar. Eu sou professora de dança na escola de balé da outra rua. Até logo!

Aquilo foi um choque para mim! Eu tinha errado feio na minha adivinhação! Mas então percebi que eu acreditava muito mais nas minhas impressões e idéias sobre as pessoas do que na própria realidade. Ou melhor, para mim a realidade era só o que eu achava, e ponto final. Então comecei a pensar que todas as outras certezas podiam ser falsas também! O arquiteto, o professor de matemática, a médica…

Naqueles dias no jardim do prédio, aprendi que o que nós pensamos ou fantasiamos sobre as coisas é diferente daquilo que elas realmente são. Ou seja, falando em linguagem de psicólogo, aprendi a ver diferenças entre meu *mundo interno* (o que penso, sinto, imagino, percebo e desejo) e a realidade externa, que pode não ser o que pensamos dela. Tempos depois também fui aprender (mas só quando eu já estava na faculdade) que esse tal "mundo interno" pode ser tão real quanto o mundo que está fora. É só lembrar dos dias em que acordamos bem esquisitos, por causa de um pesadelo ou de um mau humor inexplicável. Esse estado subjetivo contamina tudo o que fazemos no dia. Nosso mundo interno foi mais forte que as situações externas.

Mas então como separar o que está dentro de nós do que está fora? Como saber como as pessoas são de fato?

Eis algumas perguntas que levam tanta gente a estudar psicologia. Será que a psicologia explica como as pessoas são? Acho que não totalmente, mas ela nos ajuda a conhecer um pouco melhor nosso *mundo mental*, quer dizer, aquela parte da nossa vida construída *internamente*, dentro da gente, tanto a partir da nossa bagagem genética quanto das experiências vividas. É a mistura dessas coisas que faz as pessoas serem tão diferentes umas das outras.

Há outra palavra para resumir o que a psicologia estuda: nossa *subjetividade*, que é um outro modo de definir "mundo interno" ou "mundo subjetivo". Nossa vida psicológica não aparece só quando contamos algo bem secreto para o melhor amigo, ou quando escrevemos confidências no diário. Estamos o tempo todo vivendo nossa subjetividade. Como? Pensando, agindo, sentindo, fingindo, sonhando, amando, imaginando, odiando, falando etc.

Para mim, o mais fascinante da psicologia é a oportunidade de estudar como cada um forma seu mundo pessoal, ou sua personalidade, e quais são as etapas do desenvolvimento psíquico do ser humano — tanto naquilo que é comum a todo mundo quanto no que é singular, único e individual. Você já pensou em quais pontos você é igual às outras pessoas, e no que é diferente delas?

Talvez aos oito anos, naquelas horas de adivinhações, eu sem saber já estivesse me preparando para o que viria a ser uma das principais atividades do psicólogo: observar bem os comportamentos humanos, pensar sobre as motivações das pessoas (ou seja, o que as leva a agir ou sentir de determinada forma), ouvir o que elas têm para contar sobre si mesmas e, por fim, ajudá-las a lidar com suas próprias fantasias, desejos, frustrações e medos.

***

Os homens sempre viveram conflitos. Ora consigo mesmos, ora com a sociedade em que vivem, e muitas vezes com os dois ao mesmo tempo. Mas nem sempre do mesmo jeito. Os desafios mudam conforme a época. Imagine o drama de alguém que ousasse discordar da Igreja na Idade Média! Ou então a angústia de uma mulher do século XVIII, obrigada a casar com um homem que os pais dela escolheram!

Bem, talvez as pessoas estivessem tão acostumadas (ou conformadas) com as normas e regras sociais que nem sofriam por causa delas… É difícil saber, para os homens de hoje, como eram os problemas psicológicos nas diferentes épocas passadas.

O fato é que conflitos e problemas sempre existiram, o que nem sempre existiu foi a profissão de psicólogo. Só no fim do século XIX começam a surgir os primeiros profissionais de psicologia. Isso se deve a vários motivos: primeiro, o fato de que é no século XIX que surgem as chamadas "ciências humanas" (sociologia, antropologia, psicologia, lingüística, entre outras), que tentam estudar os comportamentos humanos de forma *científica*. Então nascem áreas de conhecimento mais estruturadas, e com elas seus especialistas. Outra razão possível para a profissão de psicólogo ter surgido só no século XIX é que, depois de um longo processo (que tem suas origens no século XV), os homens passaram a se perceber como "indivíduos", ou seja, pessoas autônomas, responsáveis por suas ações e por seu destino, independentes de seu grupo, sua classe ou sua situação social.

Será que, quando os homens começam a ser livres e ter de decidir sozinhos o que vão fazer da sua vida, começam também a se sentir mais desamparados e inseguros? Parece uma boa hipótese para o começo da profissão de psicólogo.

Desde então, esses profissionais cuidam de homens e mulheres angustiados. Pessoas com medo, depressão, dúvidas, ou que simplesmente têm vontade de se conhecer e buscar sua felicidade.

Hoje é muito comum alguém já ter procurado um psicólogo, ou então ter algum na família. No Brasil, os primeiros cursos para formar psicólogos começaram quarenta anos atrás. Sabe quantos já somos até agora? Mais de 30 mil psicólogos só na cidade de São Paulo! Mas não pense que o psicólogo trabalha só em consultório particular. Os profissionais de psicologia estão presentes nas escolas (orientando alunos, pais e professores para um melhor desempenho pessoal e escolar), nos hospitais, postos e centros de saúde (ajudando médicos e doentes a enfrentar situações difíceis), nas empresas (fazendo testes e entrevistas para a seleção de trabalhadores, ou então treinando a equipe, planejando atividades para uma melhor adaptação dos funcionários a suas tarefas), nos órgãos do governo (orientando os serviços sociais para que sejam mais adequados à população) e até nas ongs, creches e orfanatos, atendendo populações carentes. Há ainda psicólogos que trabalham na área do direito — nos presídios, manicômios judiciários e no fórum —, ajudando juízes a tomar decisões sobre coisas como a guarda de filhos ou a sanidade mental de presos e réus.

E os psicólogos também não atendem só adultos, nem só individualmente. Há psicólogos especializados em crianças, adolescentes, casais, famílias, idosos, grupos de adultos ou de outras faixas de idade, deficientes físicos, superdotados, excepcionais, dependentes de drogas... O que fazem, afinal, todos esses psicólogos? Aplicando os conhecimentos e as técnicas da psicologia, eles buscam a saúde mental das pessoas, para que elas possam produzir e se relacionar na sociedade da forma mais equilibrada e mais prazerosa possível.

Você deve estar se perguntando: mas para que tanto psicólogo, meu Deus?

Talvez hoje as pessoas se sintam muito sozinhas para construir sua *identidade*. Eis aí uma palavra bem importante na psicologia, que significa tudo aquilo que reconhecemos como sendo nós mesmos. Por mais que a gente pense, faça ou sinta coisas muito diferentes ao longo da vida, algo permanece idêntico (daí a palavra "identidade") no nosso modo de ser. A síntese de nossa origem (pai e mãe), nossa idade, nosso sexo, nossas relações com as pessoas (e o que elas pensam de nós), nossa história de vida etc. — tudo isso junto forma o que chamamos de identidade. Nenhuma será igual à outra. É isso que garante as diferenças entre as pessoas, que podem assumir posições e papéis variados — seja de filho, de pai ou mãe, de profissional, de criança, adolescente, adulto, velho. Constituir sua personalidade na vida cotidiana é uma verdadeira aventura. Nem a religião nem a família parecem responder às nossas inquietações.

São tantas as dúvidas! Alguns exemplos: como separar-se de um casamento que vai mal? Como educar os filhos para que não se viciem em drogas? O que escolher no vestibular? Como fazer amigos e não ficar sozinho? Como envelhecer de forma saudável?

Para responder a cada uma dessas perguntas, existem hoje mil possibilidades diferentes e nenhuma certeza absoluta.

Talvez seja por isso que cresceu tanto a profissão de psicólogo: há tantos modos variados de viver que nem sempre conseguimos dar conta sozinhos.

Complicado, né? De fato não é muito simples entender o ser humano. Aliás, já na Grécia antiga os filósofos tentavam estudar o que chamavam de "alma" humana. A própria palavra "psicologia" vem do grego: *psyché*, alma, e *lógos*, razão — ou seja, estudo da alma.

Não é de hoje, então, que o homem tenta compreender a si próprio. Ainda estamos sujeitos ao desafio do "Conhece-te a ti mesmo", frase estampada no portal do oráculo de Delfos. Afinal, o homem é o único animal que pode se perguntar "quem sou eu".

Templo sagrado na Grécia, onde os homens acreditavam que os deuses responderiam às suas perguntas pela boca de mulheres chamadas *pitonisas* ou *sibilas*.

E você? Já se perguntou alguma vez "quem sou eu"?

Seja como for, é bom eu ir avisando desde já: a psicologia (pelo menos como eu a entendo e pratico) não explica tudo (nem Freud!), não resolve tudo nem serve só para os loucos, como muita gente pensa...

Mais um aviso, antes de continuar: todos os psicólogos — que cuidam de outras pessoas, buscando sempre a saúde psíquica delas — precisam acima de tudo cuidar de si mesmos. Imagine por exemplo que um psicólogo tem medo de altura e recebe em seu consultório um paciente com o mesmo medo. Se o psicólogo já conquistou uma certa compreensão do seu problema e tem consciência dele, então pode entender melhor o que se passa com o cliente. Mesmo que ele continue tendo medo de altura! Para exercer a psicologia ninguém precisa ser perfeito, isento de problemas ou conflitos, mesmo porque isso seria impossível. Mas apenas os profissionais abertos ao autoconhecimento, entendendo suas dificuldades e sabendo cada vez mais sobre o funcionamento da sua própria mente, podem tratar de outras pessoas com responsabilidade e competência.

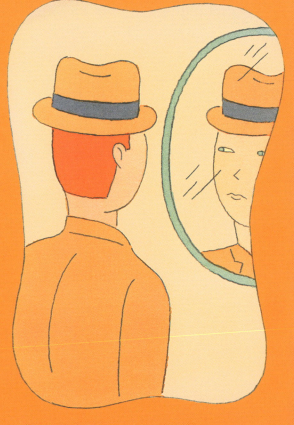

Vou contar mais adiante como isso pode ser feito ao longo da carreira. Por enquanto, vale o alerta: "Conhece-te a ti mesmo", para poder ajudar os outros a se conhecerem também. No meu caso, foi aquela professora de balé quem me fez sair do meu mundo fechado de fantasias e teorias sobre as coisas. Sem saber, ela foi minha primeira psicóloga!

MUDANÇA DE PLANOS

Dizem que psicólogo gosta de analisar tudo. Se você cursar psicologia e depois der sua opinião sobre algo ou alguém, pode ser que digam: "Lá vem o psicólogo interpretando…". Eu fico um pouco chateada quando dizem isso para mim, mas a verdade é que psicólogo não resiste à tentação de… analisar tudo!

Como você já sabe, antes de ser psicóloga eu já gostava de analisar comportamentos. Isso se confirmou quando eu cursava o ensino médio no Colégio Equipe. Eu adorava conversar sobre as pessoas, pensar com meus amigos sobre nossas famílias, escrever redações sobre sentimentos e emoções, comentar sobre a personalidade dos atores de cinema e coisas assim. Mas no final do colégio eu vivi uma situação inesquecível, na qual acabei virando psicóloga quase por acaso, e que teve conseqüências muito importantes para a minha vida.

O vestibular se aproximava, e eu estava dividida entre psicologia e letras. Pensava em estudar literatura para ser professora, mas psicologia era uma paixão antiga. Eu não sabia bem o que fazia um psicólogo; dar aulas era mais concreto, mais próximo. Se eu gostava de aprender, gostaria de ensinar. Mas foi então que aconteceu o inesperado.

Acabei prestando vestibular para as duas faculdades. Letras na USP era a preferência, psicologia na PUC era só para acompanhar algumas amigas que iam prestar também. Eu sabia que não tinha chance no vestibular da PUC, que era concorrido demais; já letras era bem mais fácil… Eu tinha toda a certeza de que entraria em letras e já me via como uma psicóloga amadora, estudando sozinha como hobby.

Fui para o exame de redação na USP confiante e tranqüila. Li a proposta: era a foto de um senhor escondendo um filhote de cachorro e um menino estendendo a mão para ele. Provavelmente, o menino estava pedindo que o homem lhe entregasse o bichinho. Pedia-se ao candidato que narrasse uma situação relacionada à cena da foto. Sabe como foi minha redação? Um imenso mergulho na subjetividade da criança! Não falei nada sobre o cachorro! Nada sobre o pedido do menino! Eu naveguei nos seus sonhos. Voltei ao passado com ele, flutuei nas águas de suas sensações e escrevi como se ele estivesse contando sua vida para o leitor... Falei de seus prazeres — nadar no rio, jogar bola de gude e cantar; falei de seus desgostos: a menina do outro lado do rio que o desprezava, o irmão que zombava dele, a mãe que achava que ele mentia... Mas sobre a cena com o velho e o cachorro, eu não disse nada.

Resultado: minha redação foi anulada por estar totalmente fora do tema!

Corri para o banheiro quando não vi meu nome na lista de aprovados. Ouvia-se meu choro do lado de fora. Que decepção comigo mesma! Só saí de lá quando minha amiga Rosie me garantiu que devia ser algum erro de correção, e que era preciso falar com o diretor da minha escola.

Vou resumir o resto da história para vocês: não era erro nenhum. O corretor havia mesmo considerado minha redação um enorme delírio. Talvez fosse mesmo. Ou talvez ele não fosse muito aberto a passeios pela subjetividade das pessoas. O fato é que meu "jeito de psicóloga" me custou o vestibular para letras. Mas me empurrou para o que sou hoje, já que acabei entrando em psicologia no mesmo ano. E me apaixonei tanto pelo curso que as letras ficaram para um segundo tempo da minha vida.

Pelas linhas tortas da minha redação, fui chegando mais perto de mim mesma. Ser psicóloga, enfim, já estava escrito nas mãos estendidas de um menino.

INATO OU APRENDIDO?

Pensando bem, não sei se meu caminho para a psicologia (que foi meio por acaso) seria fruto de uma possível "tendência natural" para essa área, como meu pai achava. Será que escolhemos (ou caímos nas) nossas profissões a partir do que se costuma chamar de *vocação*?

No meu caso, pode ter sido para agradar meu pai e minha mãe, que gostavam de me ver tão preocupada com os outros. O que teria vindo primeiro? Algum traço inato, uma espécie de marca de nascença, ou as influências de fora, como a família, os amigos, a escola? Na verdade, acho que meu pai não imaginava que sua frase poderia ter tanta força sobre mim! Nem eu...

Quem sabe cuidando do choro dos outros na escola eu não estivesse também cuidando de um choro guardado dentro de mim?

Mas, afinal, o que define nossa personalidade? É aquilo que trazemos ao nascer, nossa herança genética, ou são as experiências e estímulos que vão fazendo parte da nossa história pessoal?

A polêmica entre o que *herdamos* e o que *adquirimos* é um dos grandes temas estudados pela psicologia. Você já deve ter se perguntado se algumas pessoas nascem mais inteligentes do que as outras ou se um talento artístico pode ser determinado pelos estímulos do ambiente. Há casos famosos na história da humanidade que levam a pensar que as vocações são inatas (ou seja, são herdadas geneticamente e já nascem com a pessoa): Mozart, que já compunha música aos cinco anos de idade; Michael Jackson, que foi cantor e dançarino profissional desde os seis; **Pelé**, o melhor jogador de futebol de todos os tempos, que com dezesseis anos brilhou na Copa do Mundo de 1958.

Mas mesmo estes exemplos não são tão simples; basta lembrar que o pai de Mozart era um professor de música muito aplicado, que disciplinou o filho para dar concertos desde muito cedo. Michael Jackson nasceu numa família de artistas, e desde pequeno ele e seus quatro irmãos participaram do grupo Jackson Five, administrado pelo pai, que não lhes dava descanso. Pelé jogava futebol de várzea desde pequeno, e seu talento foi aperfeiçoado pelos treinamentos no clube em que jogou.

Então, os dois fatores devem ter muita importância: as tendências inatas e um ambiente social estimulante. Uma coisa ajuda a outra. Ou melhor: uma pode modificar, reforçar ou inibir a outra.

Provavelmente, somos feitos de tudo um pouco — da nossa história escolar (talvez eu tenha tido professores que me estimularam mais a pensar sobre comportamentos humanos do que sobre os números!), da nossa herança genética (ou seja, os genes que determinam nosso potencial, até onde podemos ir, nossos limites e possibilidades), da nossa formação familiar (os pais nos transmitem seus valores, hábitos e, principalmente, o que desejam que a gente seja…). Se juntarmos tudo isso, teremos mais de seis bilhões de seres humanos absolutamente diferentes entre si!

Nem todo mundo acredita que traços de caráter ou de personalidade sejam herdados geneticamente. Ser tímido ou extrovertido pode depender muito mais da aprendizagem do que da genética. Se tudo fosse determinado só pelos genes, as pessoas já estariam definidas ao nascer e não teriam como mudar seu jeito, não é mesmo?

Lembro de uma amiga da minha pré-escola que era muito inibida e quieta. Ela se chamava Vanessa, e naquela época eu sempre a puxava para as brincadeiras; mas ela preferia ficar num canto, calada e olhando. Todos diziam que ela sempre tinha sido assim e que era muito parecida com a mãe, que havia morrido quando Vanessa nasceu. Conclusão de todos: como ela não conviveu com a mãe, sua timidez era herança genética e nunca mudaria.

Pois não é que muitos anos depois, assistindo à televisão em casa, eu vejo a Vanessa dançando e cantando num comercial do McDonald's? Eu quase não a reconheci de tão mudada, física e... psiquicamente! O que teria acontecido com ela? Se no início ela mostrou sua tendência à inibição, depois, com o tempo, as novas experiências de vida, o meio cultural e tantas outras influências levaram Vanessa a ser mais extrovertida. Que bom que os estímulos do ambiente podem desenvolver em nós atitudes que não estão totalmente determinadas ao nascer!

Na verdade, será que ninguém pensou que Vanessa pudesse ter se fechado tanto por causa de alguma reação psicológica (a falta da mãe quando bebê, por exemplo), e não porque "nasceu assim e pronto"?

Você sabia que mesmo a altura, que é um traço genético (como a cor dos olhos e dos cabelos), pode sofrer mudanças em função das condições do ambiente em que uma pessoa vive? Se você tivesse nascido num lugar com condições diferentes de higiene e de alimentação, poderia não ter a estatura que tem hoje. A nutrição e a saúde certamente interferem na genética do crescimento, assim como o exercício físico. Com os treinamentos de hoje e condições de vida saudáveis, muitas pessoas podem sonhar em ser atletas, mesmo que não tenham nascido com esse "dom". Agora, se vão ganhar ou não medalhas de ouro nas Olimpíadas, já é uma outra história...

Não duvido que as pessoas tenham dons diferentes. Meu primo Marcelo sabia desenhar aos cinco anos com uma perfeição impressionante, e se destacava de todos com suas figuras incríveis. Que talento! Ele acabou fazendo disso sua profissão... **Aliás, o ilustrador deste livro que vocês estão lendo é o meu primo Marcelo Cipis.**

Por outro lado, não acho que o dom seja a última palavra sobre o que podemos ser na vida. Eu e meu irmão, que é dois anos mais velho do que eu, aprendemos violão com o mesmo professor e na mesma época. Mas era visível que o mano tinha mais ouvido musical e muito mais jeito para tocar o instrumento do que eu. Ele possuía o dom para ser músico e compositor, enquanto eu tinha mais prazer cantando do que tocando (no meu caso não era dom, era só vontade mesmo). Nenhum dos dois se dedicou à carreira artística, e nunca saberemos se nosso potencial (quer dizer, o dele) era mesmo para valer… (Hoje continuo cantando, mas bem escondidinha de todo mundo para não dar vexame…)

A mesma coisa acontece com a inteligência, outro tema polêmico e muito estudado pela psicologia. Será que a gente herda o nosso QI (abreviação para "quociente intelectual")? Pelo que já foi dito, sabemos que o dado genético se mistura com o cultural. Ou seja, a inteligência é uma função das duas coisas. É claro que há casos extremos, como a *síndrome de Down* (ou mongolismo), causada por um defeito genético, que limita gravemente o desenvolvimento intelectual (mas, mesmo nesses casos, um treinamento adequado pode ajudar a criança a ser mais capaz e ter uma vida menos dependente dos outros).

Um tipo de pesquisa muito utilizado pela área da psicologia que estuda a inteligência é comparar gêmeos idênticos (univitelinos, nascidos do mesmo zigoto — ou ovo — e portanto com a mesma carga genética) criados no mesmo lar, com outros que foram separados e adotados por lares diferentes. Os resultados mostram que o meio ambiente interfere muito. Os gêmeos idênticos criados no mesmo lar têm QIs mais parecidos entre si do que os que foram separados ao nascer.

Aliás, você conhece irmãos gêmeos realmente idênticos? Mesmo criados juntos, você acha que eles têm a mesma personalidade, a mesma capacidade intelectual? Duvido...

Na verdade, nenhum pai e nenhuma mãe são exatamente do mesmo jeito na relação com seus filhos. E isso interfere não só na inteligência como em todos os aspectos da personalidade.

Mas as coisas não são tão simples: outras pesquisas mostram que gêmeos têm QIs mais iguais entre si do que irmãos que não são gêmeos, o que puxa a sardinha para a tese da herança genética. Como sair dessa, agora?

Mesmo que a inteligência dependa bastante da genética, ela pode estar aberta às influências externas. Podemos aprimorar nossa inteligência a vida inteira, exercitando raciocínios e desafiando nosso pensamento em novas situações. E também podemos anestesiá-la, se não "ligarmos nossos motores" com freqüência.

Quando começamos a ser inteligentes?

Para responder a essa pergunta, vou contar um caso que chocou o mundo em 1920. Duas meninas — Amala, de um ano e meio, e Kamala, de oito anos — foram encontradas no meio de uma família de lobos na Índia. Eram iguais a seus irmãos lobos: andavam em quatro patas, comiam carne crua e uivavam. As duas foram levadas a uma instituição. Amala morreu um ano depois e Kamala viveu até os dezoito anos. Recém-chegadas à cultura dos homens, elas não tinham nenhum comportamento humano inteligente. Somente seis anos depois, Kamala começou a ficar de pé e falar umas cinqüenta palavras! No meio dos animais não havia como elas se tornarem humanas. Mas, entre as pessoas que as recolheram e com as demais crianças, foi possível começar o desenvolvimento da inteligência humana — principalmente com o aprendizado da linguagem (gestos e palavras), que nos diferencia dos animais. Então, não basta nascer humano. Precisamos conviver com nossos semelhantes para conquistarmos a inteligência dos homens.

Também é comum que crianças rotuladas de "burras", por colegas ou adultos, continuem indo mal na escola, muito mais pela força do preconceito do que pela capacidade intelectual.

Aliás, os psicólogos nos ensinam que o olhar dos outros sobre nós pode influenciar o modo como agimos, para o bem ou para o mal. O ser humano tende, muitas vezes, a querer realizar o que os outros pensam ou querem que ele seja, confirmando as expectativas sociais. A gente acaba reforçando, sem perceber, a imagem que fazem da gente.

O que é inteligência e como medi-la?

Os primeiros testes de inteligência foram criados na França em 1904 por Alfred Binet, que queria avaliar a eficiência de programas especiais de educação para crianças com deficiências intelectuais. Ele escolheu tarefas que as crianças de certa idade geralmente resolviam, mas que eram difíceis demais para as de idade inferior. Com isso, considerou "normal" a criança que acompanhava o desempenho intelectual das outras de sua idade.

Mas quais são as questões de um teste de QI (quociente entre a idade da criança e o desempenho no teste)? O teste de QI pretende conter questões cujas respostas não dependam de influências culturais, o que faria uma criança da China responder o mesmo teste que uma criança do Brasil responderia. No entanto, quem monta o teste escolhe os itens que correspondem ao seu conceito de inteligência. Para uns, esse conceito pode estar atrelado à capacidade de memória; para outros, à habilidade verbal; também há os que valorizam raciocínio espacial, ou ainda a habilidade de resolver problemas matemáticos etc. Um bom teste é o que abrange o máximo possível de todos esses itens. Caso contrário, posso ser mais ou menos inteligente, dependendo do teste que eu fizer e das minhas aptidões pessoais.

Em geral, os testes procuram minimizar as influências da cultura, com questões baseadas em seriação, classificação e matrizes. Há alguns exemplos nos desenhos abaixo.

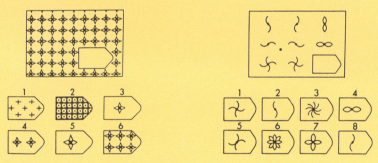

Identifique a figura faltante na matriz

Agora, imagine que um teste de QI feito nos EUA para pessoas que moram na cidade (e que pede, por exemplo, para a criança identificar figuras de telefone, carro, semáforo etc.) seja aplicado para avaliar crianças da África que vivam isoladas da cultura urbana. Elas estarão despreparadas para responder àquelas questões, embora sejam competentes (quer dizer, inteligentes) para resolver problemas práticos do seu dia-a-dia. Um possível baixo desempenho dessas crianças no teste de QI americano poderia ser usado para justificar inferioridades raciais. Já pensou?

Mas será que a inteligência pode ser medida como algo separado do resto da personalidade? Duvido. Quando você não se dá bem com um professor, consegue prestar atenção nas aulas dele? Se tiver de fazer uma prova no dia em que brigou com seus pais e ficou deprimido, garanto que seu resultado não será dos melhores... Assim, uma baixa pontuação no teste de QI pode ser sintoma (conseqüência) de algum conflito emocional, e não a medida final e definitiva da inteligência de alguém. Seria bom se os testes de QI fossem vistos como instrumentos para ajudar a superar as dificuldades, e não apenas para classificar pessoas em "normais", "deficientes" ou "superdotadas".

Um pensador importante na área da inteligência foi **Jean Piaget** (1896-1980). Suas descobertas influenciaram os métodos educacionais e até hoje são referência no campo do desenvolvimento humano. Piaget mostrou que a criança não é um adulto em miniatura, ou seja, seu modo de compreender o mundo vai mudando a cada faixa etária. Isso tem conseqüências no processo de aprendizagem, pois significa que os educadores precisam conhecer o momento intelectual da criança para escolher os conteúdos a serem aprendidos e o modo de ensinar.

No meu trabalho como psicóloga, a teoria de Piaget ajudou bastante. Aprendi a respeitar o tempo de que cada criança precisa para desenvolver certas operações mentais (pensamento e raciocínio) que possibilitam assimilar progressivamente as influências do meio ambiente. Piaget divide o desenvolvimento intelectual em quatro períodos (veja abaixo). Todos nós passamos por eles como se subíssemos degraus de uma escada; porém não é possível pular nenhum, embora as pessoas mostrem ritmos ou velocidades diferentes na travessia. O início e o fim de cada período dependem de aspectos biológicos, genéticos e sociais. Ao final, espera-se que todo indivíduo conquiste os recursos que são próprios a cada etapa.

As características dos quatro períodos piagetianos são:

1. Período sensório-motor (recém-nascido a dois anos): A criança inicia seu desenvolvimento motor, aprimorando os reflexos (como a sucção, por exemplo) e a percepção dos objetos externos. Ela aprende que um objeto continua existindo mesmo quando ela não o vê. Aos poucos, ela sai da passividade para uma postura mais ativa no mundo.

2. Período pré-operatório (dois a sete anos): Nesta fase, a criança desenvolve a coordenação motora fina (já é capaz de segurar um lápis, por exemplo) e, sobretudo, conquista a linguagem. A partir dela, o pensamento se aprimora, mas a criança ainda continua centrada em si mesma, sem conseguir se colocar do ponto de vista do outro (egocentrismo infantil).

3. Período operatório-concreto (sete a onze anos): Esta etapa marca o início das operações lógicas com objetos concretos. Aqui surgem as noções de conservação de substância, de peso e de volume. A criança reconhece, por exemplo, que um quilo de algodão equivale a um quilo de ferro; ou ainda que um litro de água pesa a mesma coisa numa jarra ou numa bacia.

4. Período operatório-formal (onze ou doze anos em diante): Agora a criança é capaz de operar com a lógica sem necessidade de objetos concretos. Ela realiza operações com idéias, hipóteses e conceitos. Isso permite a abstração e a generalização, ou seja, uma reflexão cada vez mais sofisticada.

ALFREDO E EU

Você já deve estar percebendo que ser psicólogo é enfrentar problemas bem cabeludos, sem procurar respostas definitivas e categóricas, que digam que uma coisa é ou isso ou aquilo. Somos seres *multideterminados* (influenciados por muitos fatores ao mesmo tempo), e é isso que nos torna tão complexos e tão interessantes. A psicologia, vista desse jeito, sempre será uma *psicologia social*, independentemente da área específica de estudo ou de trabalho. Ou seja, é impossível considerar um comportamento humano isolado, como se existisse sozinho e sem relação com o meio social em que a pessoa vive.

O que estuda a psicologia social?

Estuda principalmente o processo de socialização, ou seja, como as pessoas interagem em diferentes grupos, como formam seus papéis, atitudes, percepções e padrões de relacionamento. Para integrar-se à sociedade humana, cada um de nós passa por um longo aprendizado da língua, dos costumes, dos valores e das atitudes que cada cultura transmite, seja através da escola, da família, da religião, do Estado etc. Mas, antes mesmo de nascermos, já existe

uma rede cultural que nos influencia: já temos um nome que será nossa marca de identificação, além das expectativas, desejos e receios dos pais sobre nós.

É muito interessante quando a psicologia social estuda as relações sociais dentro de um grupo específico, seja ele um grupo de amigos, de torcedores de um mesmo time, de religiosos ou de alunos numa classe. Você já reparou que, dentro dos grupos, as pessoas se comportam de forma muito diferente de quando estão sozinhas? Basta ver uma torcida organizada no **estádio de futebol**. Individualmente, duvido que alguém sairia gritando, pulando ou mesmo agindo com violência contra um torcedor do outro time. Mas quando os torcedores se juntam, é como se ficassem mais fortes e desinibidos, capazes de ações que não fariam sozinhos. Aliás, o comportamento das massas pode ser muito bem estudado em alguns períodos da história, como na Alemanha nazista (1933-1945). Como se explica que nessa época o povo alemão tenha sido levado a agir maciçamente contra os judeus? A psicologia social também estudaria, nesse caso, o líder Adolf Hitler e seu poder de sugestão e controle sobre os demais cidadãos, além de todas as outras questões econômicas e políticas.

Mas há exemplos de liderança positiva. Na Índia, o líder pacifista **Mahatma Gandhi** tornou-se a principal personalidade no processo de independência de seu país. Ele pregava a não-violência como forma de luta. Sua causa era promover a paz entre hindus e muçulmanos, entre indianos e ingleses. Foi preso várias vezes por defender o interesse de seu povo, levando milhares a lutar pela paz e pela independência. As pessoas sentiram a força de ações coletivas a partir da mobilização de um líder.

Parece que todos precisam de líderes para manifestar o que possuem de melhor ou de pior em si mesmos. Essas transformações de atitudes nos acompanham a vida toda. Como estamos sempre agindo e reagindo dentro de contextos sociais, toda psicologia será sempre, e antes de tudo, uma psicologia social.

Já contei algumas páginas atrás como entrei na PUC-SP (Pontifícia Universidade Católica de São Paulo). Agora, vou falar um pouco da minha história durante o curso de psicologia, uma das fases mais felizes da minha vida. Pelos amigos, pelos estudos e pela profissão. De algum modo, todos os três me acompanham até hoje.

Mas, atenção: esse é *meu* caminho na faculdade e na profissão. Não quer dizer que todos que escolhem essa área sigam o mesmo processo ou a mesma direção. A jornada pelos estudos e pela carreira é tão individual quanto a vida de cada um.

Foram cinco anos de faculdade, intensamente vividos. Não sei se todos os cursos são assim, mas quem estuda psicologia está estudando a si mesmo, sua identidade, seus conflitos (através dos casos dos outros…). É difícil não se envolver com as aulas, com as teorias, com as experiências em grupo, tão freqüentes no curso. Às vezes, quem não agüenta muito olhar para si mesmo nos livros acaba desistindo logo.

Nos dois primeiros anos, conhecemos uma das principais escolas da psicologia no século XX, o behaviorismo (do inglês *behaviour*, que significa "comportamento"), também conhecida como teoria S-R (ou Estímulo-Resposta. O "s" vem do latim *stimulus*). Seu primeiro teórico, John B. Watson, queria que a psicologia não fosse mais um ramo da filosofia, que estudava a alma (lembra dos filósofos gregos que investigavam a alma humana, a *psyché?*). Watson queria fazer da psicologia uma ciência, com um objeto de estudo concreto, observável e que pudesse ser medido em laboratório.

Para os behavioristas, o comportamento humano é basicamente fruto da aprendizagem. Aprendemos a associar estímulos, vindos do meio ambiente, às respostas que damos a eles. Por exemplo: uma criança aprenderá a escovar os dentes (resposta) se ganhar a aprovação dos pais (estímulo associado), aprenderá a engatinhar para conseguir alcançar objetos de seu interesse, aprenderá a não colocar a mão no fogo se tiver tido uma experiência anterior de queimadura etc. São os chamados "comportamentos operantes", e com eles aprendemos a realizar ou "operar" atos (*respostas*) para obter *efeitos* no meio ambiente (*estímulos*). Assim, o behaviorismo acredita que somos movidos pelas *conseqüências* do que fazemos.

Alguns dos nossos comportamentos nem precisam ser aprendidos, pois são reflexos involuntários (como a contração da pupila na luz, o arrepio da pele no frio), mas a maior parte de nossos atos — pegar, andar, prestar atenção, julgar, namorar — passa pela *aprendizagem*, processo que para os behavioristas determina toda a formação da personalidade.

Ivan Pavlov (1849-1936), um pesquisador russo, descobriu em 1903 um princípio muito importante do comportamento: o *condicionamento reflexo*. Ele percebeu que os cães salivavam não só quando a comida era posta na boca deles (o que é um ato reflexo, igual ao da reação da pupila à luz), mas também com a simples visão do alimento. Então, Pavlov supôs que qualquer coisa que aparecesse junto com a comida e imediatamente antes do reflexo da salivação iria produzir saliva, assim como a visão do alimento produzia. Um discípulo de Pavlov fez um experimento, que ficou bem famoso e tem o nome de condicionamento *reflexo* ou *pavloviano*: antes de apresentar um pedaço de carne a um cão, ele tocou uma campainha por cinco segundos. Depois de cinqüenta emparelhamentos (associações) do som com a comida, o cão começou a salivar só de ouvir a campainha! Assim, a salivação do animal foi condicionada.

Podemos condicionar coisas mais sérias, como um fumante a largar o vício. Há métodos muito diferentes para isso, mas pelo condicionamento reflexo seria preciso associar a tragada do cigarro a algum mal-estar físico reflexo (por exemplo, a náusea), causado por um medicamento específico. Ao final de muitos emparelhamentos — tragada do cigarro junto com enjôo causado pelo remédio —, o fumante estaria curado do tabagismo. Pelo menos é assim que pensam os seguidores dessa linha.

Para mim e para meus amigos da faculdade, o behaviorismo entendia tudo como um jogo de ação e reação. Nós relutávamos muito em aceitar que talvez o ser humano fosse como qualquer outro animal, apenas um pouco mais esperto… Como explicar a arte? as guerras? a loucura? Tudo parecia tão mais complicado do que a associação entre estímulos e respostas…

Mas os professores mostravam que o behaviorismo não era uma simplificação das coisas, e sim uma rigorosa aplicação do método científico no estudo do comportamento. Mesmo assim, eu sempre saía das discussões com a pulga atrás da orelha.

Meu maior desafio, contudo, não aconteceu nessas aulas, mas no laboratório de AEC (Análise Experimental do Comportamento, outro nome para o behaviorismo). Para estudar o *condicionamento operante*, conceito importante do behaviorismo de B. F. Skinner, tínhamos que fazer uma tarefa que eu nunca pude esquecer: condicionar ratinhos (hamsters) na chamada "caixa de Skinner".

Cada aluno se responsabilizava por um ratinho. O meu se chamava Alfredo, e eu tinha muita dificuldade em segurar o bichinho para colocá-lo na caixa. A caixa era uma pequena jaula com um bebedouro, e em cima dele havia uma barra do tipo alavanca; todos os ratinhos ficavam sem água durante 24 horas, e portanto com muita sede. Como eles teriam de fazer (ou melhor, o que teriam de aprender) para obter água dentro da caixa? Ao pressionar com as patinhas a barra presa nas grades, uma pequena gota d'água apareceria.

Sabe o que acontecia com os pobres ratinhos sedentos? *Por acaso*, eles esbarravam na barra e recebiam água. Depois de muitas repetições dessa cena — esbarrar por acidente na barra e receber água —, os ratinhos acabavam associando uma coisa com a outra. E aprendiam a pressionar *voluntariamente* a barra com as patinhas, para saciar a sede quando quisessem.

Isso é chamado de condicionamento operante, e mostra que aprender é se comportar de um certo jeito para receber estímulos reforçadores. Então, a gente aprende a fazer coisas pelo efeito ou conseqüência que elas vão ter no ambiente. Quase tudo pode ser explicado assim: aprendemos a abrir a torneira do chuveiro para tomar banho, nos vestimos na moda para sermos apreciados, estudamos muito para tirarmos boas notas, um bebê aprende a fazer birra quando descobre que assim consegue o que quer, trabalhamos para ter dinheiro etc.

Caixa de Skinner

B. F. Skinner (1904-1990) foi um dos mais importantes behavioristas, depois de Watson. Ele produziu muito na universidade americana de Harvard e influenciou diversas gerações de psicólogos. A partir de seu conceito de condicionamento operante, os psicólogos comportamentais começaram a trabalhar com o método de "modificação de comportamento", um modo de tratamento em hospitais, presídios, escolas etc., que utiliza, entre outras técnicas, o reforço e a punição. Skinner tentou mostrar como seria possível planejar uma sociedade totalmente controlada, evitando assim o desemprego e a violência. Ele achava que era possível melhorar a qualidade de vida das pessoas usando técnicas de controle eficientes. Se o que determina nossos comportamentos é o meio ambiente e seus reforços (positivos e negativos), então o controle desses estímulos resultaria no desenvolvimento de cidadãos melhores.

Mas vamos voltar ao ratinho Alfredo. Nós não conseguíamos nos entender. Quando ele encostava na barra, eu tentava acionar logo a gota d'água, mas ela nunca caía na hora certa... Sei que a teimosia do Alfredo (que ficava um tempão perambulando pela caixa sem esbarrar em nada...) e minha atrapalhação em dar a gotinha (eu não conseguia sintonizar direito as coisas) fizeram com que Alfredo fosse um dos últimos ratinhos a serem condicionados. Quase fomos reprovados!

Talvez eu não quisesse fazer direito a tarefa do condicionamento para não comprovar essa parte da teoria behaviorista, que nos faz ser tão parecidos com os ratinhos... O fato é que não sei quem condicionou quem nessa história. Cada vez que o Alfredo encostava na barrinha, eu apertava o botão da água. Acho que saí dessa experiência aprendendo muito sobre apertar botões. Já o Alfredo...

VISITANDO OS LOUCOS

O estudo da psicologia comportamental foi um período importante e necessário na minha formação. Mas nos anos seguintes do curso percebi que não seria uma boa aplicadora das técnicas de modificação de comportamento. Eu teimava em achar que a liberdade humana, em algum momento, se revoltaria contra tantas formas de controle. Na verdade, para os behavioristas o homem nunca será um sujeito totalmente livre de controles. "Todos nós controlamos e somos controlados", dizia Skinner. O que importa é nas mãos de quem estão as técnicas controladoras...

A partir do terceiro ano da faculdade, estudávamos a vida afetiva, o mundo emocional, as *patologias* (distúrbios ou perturbações) da personalidade. Um mundo de novidades e desafios.

Fiquei impressionada quando li num livro de psicobiologia a respeito de uns testes feitos com filhotes de macacos. O objetivo da experiência era estudar a reação dos macacos quando separados da mãe e colocados diante de duas figuras que funcionariam como "mães substitutas". Uma delas era feita apenas de arame, e nela

Área da psicologia que estuda os animais para compreender, a partir deles, o comportamento humano.

havia uma mamadeira; a outra era forrada de veludo e muito aconchegante, mas não tinha mamadeira nenhuma. Adivinhe qual "mãe substituta" os macaquinhos escolhiam? A mãe de veludo! Eles ficavam muito tempo abraçados a ela, o que mostra como é importante a presença afetiva do outro ao nosso lado. Mesmo no mundo animal, o papel da mãe não é apenas dar o leite, mas também o calor do seu corpo em contato com o do filho.

Com aquela experiência dos macaquinhos, entendi que a necessidade de proteção, carinho e aconchego pode ser mais forte que a fome. E que mesmo quando todas as necessidades físicas ou materiais estão satisfeitas, ainda assim a gente pode sentir que falta alguma coisa. Aprendi, sobretudo, que o psicólogo estuda profundamente as carências humanas, e pode ajudar as pessoas a entender melhor suas necessidades.

Um dos momentos mais emocionantes da formação do psicólogo é quando começa o estágio nos hospitais psiquiátricos. A disciplina que cuida dessa parte é a *psicopatologia*. O nome vem do grego *páthos*, que quer dizer "sofrimento" (daí a idéia de "doença") e também "paixão" (dá para ver que os apaixonados também sofrem muito, né?). É nessa etapa que entramos em contato direto com a chamada "loucura" — ou, em língua de psicólogo, a "psicose".

Quase não dormi na noite anterior à visita ao hospital e à ala dos doentes mentais. Nunca tinha chegado tão perto de um "louco" (em linguagem do senso comum), e estava ansiosa e assustada ao mesmo tempo.

Eu achava, como a maioria das pessoas, que só os psiquiatras cuidavam desse tipo de doente. Mas não é assim. Um caso de *esquizofrenia* ou de *autismo* deve ser atendido por uma equipe de vários profissionais. Aliás, um psicólogo freqüentemente recorre a um colega psiquiatra quando depara com um paciente psicótico.

O **psiquiatra** e o **psicólogo** trabalham juntos quando necessário, mas suas atuações são diferentes, e é comum as pessoas confundirem os dois, achando que ambos os profissionais fazem a mesma coisa. Mas quais as diferenças entre um psiquiatra e um psicólogo?

Primeiro: a formação de cada um. O psiquiatra é formado em medicina com especialização em psiquiatria, tendo feito residência (um estágio que acontece logo após a faculdade) nessa área. Já o psicólogo fez o curso de psicologia geral, e sua prática futura é que vai definir sua especialização. Se quiser ser um profissional em saúde mental, ele poderá trabalhar atendendo pacientes — entre eles os psicóticos — em hospitais ou em consultório particular. E também pode, é claro, continuar estudando, lendo, participando de congressos para estar sempre atualizado.

Segundo: a atuação de cada um. O psiquiatra está habilitado (preparado e autorizado) para receitar remédios ao paciente, enquanto o psicólogo não tem essa autorização. Ambos podem desenvolver um tratamento por psicoterapia (que eu vou explicar mais adiante), atendendo o paciente várias vezes por semana. Mas o que tem acontecido muito é que o psiquiatra apenas receita os medicamentos, após fazer o diagnóstico do caso, deixando para o psicólogo o acompanhamento psicoterapêutico.

Eu estava falando sobre minha primeira visita ao hospital psiquiátrico. Depois da tal noite maldormida — imaginando quem seria o paciente a ser entrevistado, como ele receberia nossa turma de estudantes curiosos e inexperientes, como seria conversar com um psicótico, além de um monte de outros pensamentos —, acordei disposta a aproveitar tudo dessa nova experiência.

O professor nos conduziu pelo pátio onde os internos graves estavam tomando sol. Essa primeira visão já me deixou atordoada! Eram homens, jovens e velhos, que olhavam para o infinito com olhos esbugalhados, ou então nos observavam com uma expressão de susto ou de raiva. Alguns até achavam graça, rindo de nós como se fôssemos ETS e eles estivessem nos investigando... Para falar a verdade, eu estava apavorada, achando que iríamos ser atacados a qualquer momento. Até que um homem de uns cinqüenta anos se aproximou de uma colega e disse carinhosamente que ela era muito bem-vinda, junto com os outros "doutores". Então todos se acalmaram, e vimos que eles não eram monstros terríveis, mas seres humanos tão assustados quanto nós. Aliás, éramos nós que estávamos invadindo o espaço deles...

A travessia do pátio demorou alguns minutos, o bastante para eu entender que a loucura cria um enorme muro entre as pessoas. Não só porque o doente, quando está em *surto* (ou crise), fica completamente tomado por seus delírios e se fecha em suas fantasias, como também porque aumentamos esse isolamento com nossos rótulos: "Esse é louco, não entende nada, não tem nada a dizer". O resultado é uma enorme solidão dessas pessoas, que podem ficar sem dormir, sem comer e sem falar por muito tempo. Como transpor essa barreira é o grande desafio dos profissionais da área de saúde mental.

Chegamos à sala onde seria feita a entrevista com um dos psicóticos. Ele se chamava Paulo da Silva, tinha 35 anos e estava internado desde os 25. Antes de qualquer um de nós começar a perguntar coisas do tipo "Quando começaram os seus sintomas?", "Qual é a sua formação escolar e profissional?", "Por que você está aqui?" etc., Paulo se antecipou a todos e se pôs a falar sem parar, olhando fundo para cada um. Em resumo, ele contou a seguinte história:

Jack Nicholson no filme *O Iluminado* de S. Kubrick

Vocês moram na cidade de São Paulo, que tem esse nome em minha homenagem. Eu sou o fundador de várias outras cidades, porque sou o apóstolo de Jesus Cristo e estou aqui como mensageiro de Deus. Mas ninguém acredita em mim! Eu sei de tudo o que vai acontecer para a humanidade, mas estou sendo perseguido pelos demônios do mal, que me prenderam aqui…

Puxa, parecia mesmo uma cena de filme, daqueles em que a gente vê o louco falando: "Eu sou Napoleão!". Mas não era ficção. Era real mesmo, e bem na minha frente! Fomos percebendo que Paulo não estava fingindo nem inventando aquela história. Ele acreditava de verdade nela, e revelava ao mesmo tempo seu delírio de grandeza (ele achava que era todo-poderoso) e o sentimento de *paranóia*, quer dizer, Paulo imaginava que havia inimigos em toda parte.

O discurso de Paulo impressionou todo mundo pelos detalhes, e por ter uma lógica própria. Tudo parecia se encaixar, afinal ele dizia ter saído de todos os empregos, ser rejeitado pela família e zombado pelos colegas por um único motivo: porque ele sabia demais e ninguém estava preparado para receber seus ensinamentos. "Estou sendo crucificado como Jesus", dizia ele.

O que levara Paulo a esse estado de perturbação mental? Enquanto pensava sobre isso, alguém da classe arriscou e perguntou ao Paulo:

— Você está triste?

"Que pergunta estranha", pensei eu. Mas o professor aprovou com a cabeça e Paulo respondeu:

— Claro que não. Estou muito feliz de ter o poder de saber tudo. Pena que vocês saibam tão pouco.

Foi então que uma coisa fez sentido para mim. Todo o delírio de Paulo devia ser uma tentativa de compensar uma enorme fragilidade que ele sentia e que o fazia sofrer muito. Sem trabalho e sem família para apoiá-lo, Paulo se refugiou numa imensa fantasia de poder e de controle sobre tudo. Só assim ele poderia encontrar algum tipo de auto-estima apesar de tanto abandono e fracasso. "Então pode ser isso!", pensei. "Quando a realidade é dura demais, a loucura aparece, para algumas pessoas, como um lugar de salvação e uma tentativa de sobrevivência. É como uma bóia em meio ao naufrágio de um barco, só que o barco é a personalidade, afundando num mar de conflitos." Essa pode ser uma entre várias hipóteses possíveis para entender a doença mental de Paulo.

De fato, nós sabíamos muito pouco ainda para ajudar pacientes como Paulo a voltar para a realidade e enfrentar os problemas, sem precisar criar um mundo à parte. Mas entendi que é preciso respeitar o mundo interno das pessoas, por mais absurdas que suas idéias nos pareçam, pois só a partir delas é possível encontrar o caminho de volta.

A psicose

O psicótico é uma pessoa que, por várias razões, desligou-se totalmente do mundo externo. Não consegue mais trabalhar, nem ter uma rotina, nem se comunicar de forma compreensível. É considerado um paciente grave, e pode ser internado (geralmente em hospitais psiquiátricos) ou levado aos ambulatórios e hospitais-dia, onde não permanece o tempo todo; nesses casos, a família acompanha e participa do tratamento, ficando com o doente em casa.

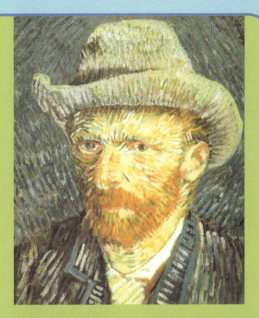

Vincent van Gogh, pintor holandês que se suicidou após crises psicóticas

Há também os acompanhantes terapêuticos, profissionais que atendem o paciente em sua casa, ajudando-o a sair, fazendo passeios ou mesmo apenas conversando com ele. Tudo isso acontece junto com a supervisão do psiquiatra, pois sem medicação durante os surtos é muito difícil conseguir manter contato com os psicóticos.

Várias situações podem desencadear uma psicose, desde momentos muito difíceis na vida, como perdas e separações, até doenças orgânicas que danificam o sistema nervoso (como a aids, a sífilis e a tuberculose). Drogas como álcool, cocaína e LSD também podem provocar surtos, em função da quantidade ingerida e do grau de dependência do paciente. Por isso, é preciso saber bem o que está causando a crise, para medicar corretamente e propor a terapia, quando for o caso.

Alguns tipos de psicose

Esquizofrenia — Geralmente aparece na juventude, a partir de dezoito ou vinte anos. A identidade do esquizofrênico sofre um abalo muito forte. O paciente perde a própria noção de "eu", de quem ele é. Ele ouve vozes e vê imagens que não existem concretamente (alucinações auditivas e visuais). Pode também mudar bruscamente de personalidade, como se existissem várias pessoas dentro dele, e ora o sujeito é uma, ora outra. Quando esse quadro vem junto com sentimentos de perseguição, denomina-se *esquizofrenia paranóide*.

Psicose maníaco-depressiva — Os pacientes com esse tipo de psicose mudam radicalmente de humor e de estado emocional. Quando estão deprimidos, são pessimistas, perdem a vontade de trabalhar ou mesmo de viver; quando estão em mania (euforia, excitação excessiva), ficam muito agitados, irritados, falam muito e fazem planos absurdos de serem cumpridos. Há pessoas que ficam só eufóricas ou só deprimidas, e outras que alternam entre a euforia e a depressão. Por isso hoje essa psicose é conhecida como transtorno bipolar.

Autismo — É como se chama a psicose infantil. A criança cria um mundo tão fechado que pode até inventar uma língua própria, que ninguém entende. É comum as crianças autistas realizarem movimentos corporais repetitivos, como ficar balançando o corpo para a frente e para trás, ou girando sem parar, ou ainda segurando objetos o dia inteiro, sem largá-los por nada. Podemos dizer que esses comportamentos são como muralhas contra "ameaças" do mundo externo. Fechada em si mesma, a criança autista se sente protegida da agressividade que ela acha que vem de fora.

DETETIVE DE ALMAS

Depois da experiência no hospital psiquiátrico, começou a ficar mais claro para mim que realizar um bom *psicodiagnóstico* é a primeira atitude que um psicólogo deve tomar, antes de qualquer outra forma de intervenção.

Mas o que é diagnosticar?

Assim como o médico examina o paciente para identificar qual é a doença que ele tem — sarampo, alergia, catapora etc. —, e só depois aconselha o remédio necessário, também o psicólogo precisa saber o que está se passando com a pessoa que o procura. Ele precisa examinar seu mundo psicológico. Às vezes, o paciente vai consultar um psicólogo porque nenhum médico conseguiu descobrir as causas para certos comportamentos (que vamos chamar de *sintomas*).

Lembro de um caso curioso que tive a oportunidade de acompanhar na faculdade. A mãe de uma criança de sete anos havia procurado a clínica da puc para fazer um psicodiagnóstico de seu filho Lucas. Ela estava muito aflita na entrevista inicial. Contava que seu filho, que na escola sempre fora brincalhão e desinibido, andava retraído e assustado. Em casa, o sintoma se complicava: Lucas havia voltado a fazer xixi na cama, o que não acontecia desde os três anos!

Fizeram-se exames médicos para descobrir a causa da *enurese* (descontrole do xixi), mas nada foi encontrado. O que estaria provocando tantas mudanças no comportamento de Lucas?

Para entender melhor o caso, eu e uma colega começamos a fazer o tal psicodiagnóstico, uma espécie de "radiografia" ou "mapa" do que está ocorrendo dentro da pessoa — sentimentos, medos, conflitos, desejos — e que nem sempre ela pode (ou consegue) expressar só com palavras. Então, além das entrevistas, é muito comum a aplicação de *testes de personalidade*, também chamados de "testes projetivos" ("projetar" significa colocar para fora algo que está dentro). Você por acaso já fez um desses testes?

Pois eu aprendi na faculdade que um teste isolado diz muito pouco sobre alguém. Precisamos de muitas informações sobre a história de vida da pessoa, e também devemos observar o próprio comportamento dela durante a situação de teste. Já vi pessoas ficarem tão perturbadas ao fazerem um teste de personalidade — com tremores nas mãos, gagueira, mantendo a cabeça baixa para não olhar o examinador — que a insegurança e o temor de um julgamento se revelavam antes mesmo dos resultados do teste.

Lucas foi o meu primeiro "sujeito de teste" (é assim que se chama a pessoa a ser examinada). Eu estava me sentindo muito importante no papel de examinadora, como se eu fosse um detetive tipo Sherlock Holmes, investigando um segredo… Com o tempo a gente percebe que o psicólogo não é tão poderoso assim. Não somos mágicos nem videntes; mas, como o famoso detetive, aprendemos a ler os sinais, as pegadas, as impressões digitais dos comportamentos humanos, que podem esclarecer muitas situações emocionais.

Bem, lá fomos nós, eu e minha amiga, aplicar um teste chamado "Desenho da Figura Humana" (o nome mesmo é DAP, do inglês *draw a person*, ou "desenhe uma pessoa"). Nós já sabíamos, pelas entrevistas com a mãe, que ela havia se separado do marido dois anos antes, casara novamente depois de um ano e tivera mais um filho, Martim, que na época tinha seis meses. Será que a separação dos pais, o novo casamento e a chegada do irmãozinho teriam relação com os sintomas de Lucas?

A instrução do teste era simples: "Desenhe uma figura humana completa". Em seguida, pedimos a Lucas que desenhasse outra, de outro sexo. E que depois contasse uma história sobre essas pessoas.

Antes de contar o que Lucas desenhou, é importante dizer o que ele fez durante o teste... Quando pegou o lápis, começou a mordê-lo com força, até quebrá-lo com as duas mãos. Entreguei outro lápis e Lucas fez a mesma coisa. Eu já estava ficando ansiosa, achando que tudo daria errado. Mas minha amiga percebeu que o garoto já estava nos "dizendo" muita coisa com seus atos e que era preciso dar um tempo para ele confiar na gente. Foi bonito ver Lucas pegar o lápis pela terceira vez, ameaçar destruí-lo de novo, olhar para a gente e pedir a folha para desenhar... Ufa! Nem tudo estava perdido!

A primeira figura era um menino com uma cabeça minúscula, um tronco com pernas, mas sem braços nem mãos (ele chegou a desenhar mãos enormes, mas acabou apagando). A segunda figura, na mesma folha, era uma mulher, maior em altura do que a primeira pessoa, e que estava virada de perfil, olhando para o outro lado. Ela tinha braços, mãos, tronco e pernas. Ah!, outra coisa importante: Lucas desenhava um traço, riscava, desenhava outro, parava no meio, começava outra parte do corpo, riscava...

Exemplo de desenho de teste de figura humana

A historinha que Lucas contou era assim: o menino é o filho da mulher, mas ela não sabe onde ele está. A mãe procura o garoto pela rua, porque ele foi brincar em algum lugar. "Ele volta para casa?", perguntei. "Se ela procurar muito, ele volta", respondeu Lucas.

Aposto que você já está pensando um monte de coisas sobre os sentimentos do Lucas. Não é incrível que um desenho possa dizer tanto sobre alguém? Os cientistas que estudaram essas técnicas chamadas "gráficas" acreditam que elas revelam o jeito como a pessoa se vê, tanto a imagem que tem do seu corpo, quanto aquilo de que gosta ou não gosta, e mesmo o modo como enxerga as outras pessoas. Tudo pode ser analisado e valer como um sinal: a figura está de pé ou deitada? Está de frente ou de perfil? É uma pessoa velha ou jovem? Está simétrica ou desproporcional? Desenhou muito no alto da página ou muito abaixo? Desenhou primeiro a figura de seu próprio sexo ou a do sexo oposto? O traço do lápis é muito forte ou muito fraco? Enfim, informações que o examinador relaciona e compara com os resultados da média dos pesquisados, considerando a idade, o sexo, a escolaridade etc.

Vou contar o que eu e minha amiga, com a ajuda da nossa professora, pensamos como *hipótese* (idéia inicial que orienta nosso trabalho, a ser comprovada ou não ao longo do tratamento) para o caso do pequeno Lucas.

Provavelmente, Lucas estava reagindo às mudanças bruscas que aconteceram na sua família. A inibição na escola, o xixi na cama, a destruição dos lápis, a insegurança para desenhar, a mãe que não olha para o filho no desenho, o filho que foge e só volta se a mãe procurar muito... Tantas emoções diferentes dentro de uma mesma pessoa!

A chegada do irmãozinho Martim deve ter bagunçado muito

a cabeça de Lucas, que teve a atenção da mãe só para si durante quase sete anos. Um novo marido para a mãe também é uma coisa nova na vida dele. Juntando tudo, pensamos assim: Lucas sente que perdeu sua mãe para duas outras pessoas, e isso gera muita raiva, ciúme e tristeza. Mas ele não manifesta sua raiva na escola. Fica inibido e assustado, deve estar com medo de ser mau e perder mais ainda o amor de sua mãe. Também deve ter medo de mostrar toda sua raiva de Martim, e assim machucá-lo. Lucas está protegendo a si mesmo e ao irmão de seu ciúme.

Só no teste, na presença de gente que não conhecia, ele pôde ser agressivo e revelar um pouco da sua vontade de bater e brigar (mordeu e quebrou os lápis). A primeira figura, sem braços, poderia ser ele mesmo, que inibia sua força física e se sentia bem pequeno. Aliás, Lucas chegou a colocar para fora sua raiva quando desenhou mãos grandes, mas não agüentou e apagou. Já a mãe é grande e poderosa, porém não olha para ele, e sim para o outro lado (para o novo marido e o segundo filho, talvez).

Ou seja, a historinha inventada por Lucas poderia estar dizendo o seguinte: "Vou forçar minha mãe a me ver, a me procurar, para saber se ela gosta mesmo de mim…".

E o descontrole do xixi? Nada como voltar a ser bebê para ter novamente o direito ao carinho da mãe. Afinal, não é esse direito que o caçula Martim está tendo?

Como eu disse, são hipóteses. A partir delas, sugerimos sessões de *ludoterapia* (ver boxe) para Lucas, e uma orientação para a mãe. Ela poderia ficar mais atenta às necessidades do menino, assegurando que ele não precisa voltar a ser bebê para ser amado. E Lucas poderia crescer sem medo de sua raiva ou de ser deixado de lado, pois saberia que tem seu lugar garantido.

Ludoterapia é a terapia que utiliza brinquedos e jogos. Geralmente, o terapeuta usa uma caixa lúdica, ou seja, uma caixa com material de recreação, montada em função das necessidades de cada paciente. Ela pode conter bonecos (que acabam representando os pais, os irmãos, professores etc.), animais (em geral, simbolizam a parte mais impulsiva da criança), objetos (como avião, trem, casa, carro) e material plástico e gráfico — como lápis de cera, massinha, cola etc. Em vez de apenas conversar com o terapeuta (como fazem os adolescentes e adultos), na sessão de ludoterapia o paciente manifesta seus sentimentos e conflitos na maneira como brinca, e no modo como se relaciona com o psicólogo que o atende. A caixa, aberta apenas pelo paciente (e que permanece com o terapeuta quando termina a sessão), simboliza o seu mundo interno, o que ele guarda dentro de si, o território de suas fantasias, emoções, defesas, medos e recursos de crescimento.

Carlos, um menino de cinco anos, representou a gravidez da mãe lotando um avião de brinquedo com carga bem pesada — um monte de pedrinhas — e dizendo: "Agora o avião vai levantar vôo e vai jogar todas as pedrinhas no mar"... Você acha que ele estava gostando da idéia de ter mais um irmãozinho?

Para a mãe de Lucas, nossa leitura do teste fez sentido e ela nos agradeceu a orientação. Senti que foi minha primeira chance de pensar como psicóloga. Gostei também, naquela época, de conhecer outras técnicas para chegar mais perto de nossos pacientes (ver exemplos no boxe da p. 55). Muitos testes são igualmente usados na área de *recursos humanos*, que emprega psicólogos para selecionar trabalhadores em empresas, para ajudar nos conflitos de trabalho e avaliar melhor as habilidades, problemas e capacidades dos funcionários.

De qualquer modo, ainda acho que o melhor instrumento que temos é nossa própria sensibilidade, nossa intuição e nossa capacidade de pensar. Sem isso, um teste é apenas o desenho de uma figura humana.

Pranchas de teste de Rorschach

Teste de Rorschach

Hermann Rorschach (1884-1922) era um psiquiatra suíço, que criou esse teste para investigar a personalidade como um todo. São dez pranchas com diferentes manchas de tinta sem forma definida, algumas em cinza e preto, outras em vermelho e em outras cores. O psicólogo pede para o sujeito dizer o que enxerga no borrão. Há várias possibilidades de resposta (inclusive o silêncio). O examinado pode ver figuras nas partes menores do borrão, ou outras ocupando a prancha inteira. Há pessoas que vêem mais objetos, ou mais animais, ou mais figuras humanas. Pode-se ainda imaginar mais movimento ou mais formas paradas. Conheço um rapaz de vinte anos que viu quase cem detalhes em cada prancha, e demorou mais de seis horas para responder ao teste. Ele explicava onde e por que viu uma borboleta, uma ilha rodeada de barcos, um morcego, dois homens brigando... O examinador já não agüentava mais ficar anotando tudo! Pelo tipo de resposta dada ao teste, é possível diagnosticar se a pessoa é ansiosa, criativa, insegura, dependente, ousada, dominadora, defensiva etc. No caso desse rapaz, os resultados mostraram, entre outras coisas, muita riqueza imaginativa, capacidade de atenção e concentração, mas também uma personalidade perfeccionista, que reage com raiva à frustração.

DESCOBRINDO FREUD

Uma dúvida que muita gente tem (e que eu também tinha quando entrei na faculdade) é: qual a diferença entre psicólogo e psicanalista? É muito comum a gente achar que todo psicólogo é psicanalista e vice-versa. Mas isso não é verdade.

Uma pessoa que termina a faculdade de psicologia é simplesmente… um psicólogo. Sem nenhuma definição, nem de área de trabalho (escola, empresa, hospital, consultório particular, saúde pública), nem de clientela (criança, adolescente, adulto, casal, família, idoso), nem de linha teórica (psicanálise, psicologia junguiana, behaviorismo, psicodrama, terapia existencial, terapia corporal etc.).

Então, o que vai determinar o psicólogo que ele vai ser é o que ele estudar e fizer depois da faculdade.

Em psicologia, estudamos muitas teorias diferentes, e cada uma propõe um jeito próprio de entender o desenvolvimento humano e de exercer a profissão.

Algumas linhas da psicologia

Gestalt terapia: Frederick Perls (1893-1970) foi o precursor dos gestaltistas. Sua principal polêmica se deu com os behavioristas. Ele não acreditava que o comportamento pudesse ser reduzido à relação de causa e efeito entre estímulo e resposta. Ele afirmava que "o todo é mais que a soma das partes". Para Perls, nós vemos as coisas dentro de um campo de forças, onde a visão de conjunto é mais importante que os elementos separados. Assim, uma criança de três anos, que não sabe ler, consegue identificar a marca de um refrigerante (por exemplo, o logotipo da Coca-Cola) separando a figura do fundo pelo contraste. Segundo os

O que você vê? Uma taça, ou dois perfis?

As duas retas são do mesmo tamanho, mas parecem diferentes

gestaltistas, a tendência da nossa percepção é sempre encontrar a melhor *Gestalt* (termo alemão que significa "forma"), ou seja, estamos sempre procurando dar sentido ao que vemos, facilitando nossa compreensão. (Veja nas figuras ao lado alguns exemplos de leis que regem a percepção.)

A partir disso, os terapeutas gestaltistas tentam entender os comportamentos na situação global em que eles acontecem. Não procuram as causas para os atos, mas sim o estado geral de vida do sujeito, sua postura corporal (que revela muito sobre o mundo interno) e as experiências concretas e atuais, como modo de conhecer o funcionamento psíquico do paciente. A terapia se baseia na conversa, mas o gestaltista pode introduzir técnicas de vivência, como propor movimentos pela sala, encenações, diálogos imaginários entre o paciente e alguma parte de si mesmo simbolizada em objetos etc.

Psicodrama: Seu fundador foi o austríaco Jacob L. Moreno (1889-1974). Ele acreditava que por meio do jogo dramático, teatral, seria possível libertar a espontaneidade e a criatividade perdidas pelas pessoas ao longo de sua adaptação social. Na sessão de psicodrama, geralmente feita em grupo, há um palco, um protagonista que encenará um tema particular (mas que todos do grupo poderão aproveitar para si), um diretor (o terapeuta que conduz a sessão) e os chamados "egos auxiliares", outros terapeutas ajudantes. Pela ação encenada (por exemplo, a dramatização de um sonho em que um sujeito quer se aproximar de uma garota atraente e não consegue se levantar da cadeira), os psicodramatistas procuram tornar visíveis e concretas as sensações subjetivas. Assim, acreditam que os conflitos podem ser entendidos e superados de modo mais definitivo.

Psicologia existencial: Os psicólogos existenciais, também chamados fenomenólogos, são influenciados por algumas correntes filosóficas existenciais, como as de Kierkegaard, Husserl, Heidegger, Sartre e Merleau-Ponty, todos eles pensadores do século xx. O que esses filósofos têm em comum? Eles acreditam que o homem é um ser livre, que pode fazer escolhas e tomar decisões a respeito de sua vida, mas sempre dentro de condições concretas que o limitam. Essa liberdade também traz angústia e solidão. Como podemos mudar nossas vidas para sermos autênticos e felizes? É isso que o terapeuta existencial tentará trabalhar junto com seu paciente. Importa, para ambos, manter um contato humano e sensível, em que não haja nenhum tipo de pré-julgamento, nenhuma antecipação do que poderá ocorrer na sessão. O que vale é o momento presente, em que experiências passadas e desejos futuros são sentidos e pensados durante a terapia.

Psicologia corporal: Os terapeutas corporais se inspiraram nas teorias de Wilhelm Reich (1897-1957), um médico e cientista natural austríaco, que estudou psicanálise freudiana e a partir dela elaborou uma teoria própria sobre as relações entre o corpo e a psique. Para Reich, o ser humano constrói, ao longo da vida, as chamadas "couraças", ou seja, formas corporais que guardam a história dos nossos desejos e repressões. O modo como vivemos nossas experiências afetivas deixa marcas no nosso corpo e essas posturas físicas podem se tornar crônicas e dificultar a vida. Por exemplo: se alguém sofreu violência na infância, pode desenvolver um jeito encurvado de andar, como se estivesse fechando seu corpo para outras relações; isso seria resultado da sua necessidade de proteção. A terapia corporal tenta analisar e transformar esses padrões corporais, liberando energias aprisionadas e melhorando a qualidade de vida do paciente. Reich acreditava que existia uma energia única atuando não só nos seres vivos mas também no Cosmos, a chamada "energia orgonecósmica", conceito muito questionado na época.

Um psicólogo pode seguir qualquer uma dessas linhas, desde que se dedique, ao longo da carreira, a estudá-la e praticá-la. Há ainda várias outras correntes da psicologia, que também formam terapeutas, como por exemplo a bioenergética, a teoria cognitivista e a análise transacional.

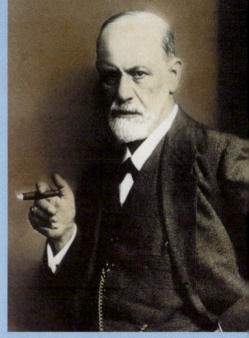

Uma pessoa que quer ser psicanalista também vai percorrer um longo caminho. Ela estudará a teoria do fundador da psicanálise, **Sigmund Freud** (1856-1939), ou de seus seguidores, em lugares (instituições) que transmitem esse saber: em São Paulo, a Sociedade Brasileira de Psicanálise ou o Instituto Sedes Sapientiae; em Minas Gerais, o Círculo Psicanalítico de Minas Gerais; em Porto Alegre, a APPOA, Associação Psicanalítica de Porto Alegre, além de muitas outras. São mais alguns anos de estudo e de prática para que um psicólogo, ou um outro profissional de outra área, possa tornar-se psicanalista. A psicanálise pode ser exercida por pessoas formadas em outros cursos, como um filósofo ou um sociólogo.

Mas não pense que só existe *uma* psicanálise! Muitos seguidores de Freud acabaram modificando ou aprimorando a teoria freudiana, montando grupos próprios. Assim, dentro da psicanálise você pode ser junguiano, kleiniano, winnicottiano, bioniano, lacaniano etc. Todos fazem psicanálise, mas cada um de seu jeito.

Ser psicanalista significa, antes de tudo, acreditar que há um funcionamento *inconsciente* na nossa vida mental, ou seja, que muita coisa importante acontece na nossa psique sem que a gente saiba ou controle. E que esse funcionamento é muito mais importante do que imaginamos na determinação dos nossos atos. Um exemplo de funcionamento inconsciente da psique é quando você tem uma reunião à qual não quer comparecer, e sem perceber acaba confundindo os dias da semana e faltando ao compromisso.

A terapia feita por psicólogos é diferente da análise feita por psicanalistas. Pode até haver momentos de terapia numa sessão de psicanálise e vice-versa. A terapia ajuda o paciente a entender o motivo dos seus conflitos, esclarecendo e até aconselhando, agindo na sua parte mais consciente. Já a psicanálise quer fazer o paciente *sentir* ou *reviver* o que causou seu sofrimento, seguindo as pistas do inconsciente. E pode demorar muito tempo até que as experiências mais profundas (geralmente ocorridas na infância) sejam atingidas, pois tentamos não olhar para aquilo que nos causa dor. Nós nos defendemos de nossas próprias lembranças e emoções.

Quando eu tinha uns vinte anos, lá pelo quarto ano do curso, comecei a estudar bastante psicanálise. Eu queria lutar contra meu próprio preconceito, porque achava que os psicanalistas viam sexo em tudo... É e não é bem assim: para a psicanálise, sexo não é só *fazer sexo*. Até um bebê tem sexualidade. Quer ver? Depois de mamar muito, o bebê põe o dedo ou a chupeta na boca. Ele está com fome? Não, ele quer prolongar o prazer que teve mamando, continuar sentindo o prazer de sugar. Essa busca constante de prazer em tudo o que fazemos, primeiro com nosso próprio corpo e depois com as outras pessoas, é expressão da nossa vida sexual. E é em torno dela que a gente vai se desenvolvendo, tentando satisfazer (ou não) nossos desejos.

Imagine o susto que as pessoas levaram, na época de Freud, quando ele disse que a energia sexual (a chamada *libido*) existia desde o nascimento! Todos achavam que a função sexual só aparecia na puberdade… Ora! Desde a infância, as coisas mais simples podem ser vividas com muita excitação e entusiasmo: olhar, ser olhado, brigar, mandar nos outros, obedecer, competir, comer, trabalhar, ir ao banheiro etc. etc. etc.

Mas como Freud foi descobrindo tudo isso?

A história da psicanálise parece um filme de ficção. Freud era um médico-psiquiatra, que morava em Viena no século XIX e atendia em seu consultório pacientes com problemas "nervosos". Naquela época, ninguém tinha dúvidas de que os problemas psicológicos eram causados por um "defeito" do cérebro e do sistema nervoso. Freud desconfiou que não era bem assim quando assistiu a sessões de hipnose conduzidas pelo dr. Charcot, um famoso psiquiatra francês. Ser hipnotizado, para quem não sabe, é entrar numa espécie de sono, mas sem dormir de fato, respondendo a perguntas e fazendo coisas que são esquecidas depois da sessão de hipnose.

O dr. Charcot hipnotizava pacientes que apresentavam sintomas inexplicáveis, quer dizer, sintomas sem razões orgânicas aparentes: alguns eram incapazes de falar, outros não enxergavam, e outros ainda não conseguiam mexer certas partes do corpo. O que impressionou Freud é que, durante a sugestão hipnótica, esses sintomas desapareciam! Então quais seriam

Seção de hipnose com Charcot >

as causas desses problemas? Qual seria a diferença entre estarmos acordados e estarmos sob hipnose?

Freud estava tentando formular hipóteses para esses fatos, quando conheceu um outro médico, o dr. Breuer, que também hipnotizava pacientes. Uma de suas pacientes era Ana O., que tinha 21 anos e sofria de alucinações, acessos de tosse e paralisia de um braço. Ela chegou a ser internada num sanatório, mas foi curada quando começou a falar tudo o que lhe vinha à cabeça, pondo para fora todas as suas emoções durante as sessões com o dr. Breuer. Que alívio para ela!

Ela lembrou, durante a hipnose, de sentimentos ruins que tinha em relação a seu pai, mas que não podia encarar de jeito nenhum. Seria por isso que ela não se recordava de nada depois da sessão?

Freud não tinha dúvidas de que também seus pacientes guardavam lembranças dolorosas que não podiam vir à tona e que isso os fazia adoecer. Quando, sem usar a hipnose, ele tentava chegar perto das recordações difíceis, perguntando mais detalhes, os pacientes ficavam envergonhados e tentavam despistar...

É como ir ao dentista e não deixar que ele coloque aquele motorzinho no dente... A gente sabe que precisa tratar a cárie, mas dói tanto que tentamos resistir a qualquer custo!

Aliás, "resistir" é justamente a palavra que Freud vai usar para explicar a força que fazemos para não lembrar aquilo que não queremos (ou não podemos, pela boa educação e pelos valores de nossa sociedade): nós *resistimos*. E onde estão essas experiências do passado que esquecemos? Elas ficam no *inconsciente*. Mas como foram parar lá?, Freud se pergunta. Foram recalcadas, isto é, empurradas pela *repressão*.

Freud conta uma historinha que ajuda a entender isso: durante uma palestra, alguém no auditório comporta-se mal, falando e rindo alto. Os seguranças são chamados e, após uma luta corporal, colocam o sujeito inadequado para fora da sala. Ele está agora *reprimido*, e a palestra pode continuar. Mas, diz Freud, para que o incômodo não se repita e o elemento perturbador não volte, os guardas que o levaram vão sentar-se perto da porta, impedindo assim que o homem indesejável entre novamente. Os tais guardas de plantão estariam fazendo o papel da "resistência".

Explicando em termos psicanalíticos — aquilo que você quer esquecer, que você quer tirar da consciência (o auditório), pode ser comparado ao rapaz barulhento; os guardas são a força de repressão, e o lugar onde prendem o baderneiro seria o inconsciente. Os mesmos guardas que expulsaram o mal-educado ficam na porta e não deixam que ele volte. Por isso as pessoas não conseguem lembrar o que foi reprimido.

Segundo Freud, é assim que a mente funciona. Ela está sempre dividida entre o que pode ficar na consciência e o que não pode. Só que tudo se complica quando Freud percebe que o tal bagunceiro da palestra não fica quietinho atrás da porta do auditório. Ele começa a gritar mais alto ainda... Talvez ele tenha muitas verdades para nos dizer. De que jeito ouvimos esses barulhos que foram expulsos do nosso "salão" (quer dizer, de nossa parte consciente e aceitável)? Podemos escutar o inconsciente quando ele fala através dos nossos *sonhos*, dos chamados "atos falhos" (trocas de nomes, esquecimentos, os famosos "foras" ou gafes) e dos *sintomas* (expressão dos conflitos entre consciente e inconsciente). Tudo isso mostra que aquilo que foi reprimido quer voltar e se fazer ouvir.

É aí que a psicanálise fica mesmo interessante! Porque esses ruídos chatos e incômodos reaparecem, em graus diferentes, para todas as pessoas. Para a psicanálise, somos todos um pouco *neuróticos* (é só uma questão de ser mais ou menos, como explico no boxe abaixo), porque também tivemos que reprimir coisas que são indesejáveis para a consciência. Há lugares dentro de nós que guardam o que é proibido pela nossa "polícia" interna e, de algum modo, o que foi escondido nos pressiona e quer se expressar.

A neurose

Você já deve ter ouvido uma pessoa xingar outra de neurótica. Pois é. Esse é o jeito como o senso comum classifica as pessoas que estão sempre preocupadas, que repetem muito algum assunto, ou que têm medos intensos. Mas não é assim que a psicanálise entende a neurose.

Para começar, ser neurótico é um bom sinal, pois significa que houve um desenvolvimento "normal". Quer dizer: ser "normal", para a psicanálise, é fazer uma passagem saudável do puro prazer para o mundo da realidade, com suas regras e proibições. Imagine um bebê totalmente dependente do mundo externo, principalmente dos pais e de quem cuida dele. Ele começa a vida muito ligado à mãe, e depois, ao longo do seu crescimento, vai percebendo que há outras pessoas além dela — o pai, os irmãos, os primos, os colegas, os professores, o chefe... E mais: ele aprende que não é tudo para a mãe, nem ela pode ser tudo para ele. Essa experiência, pela qual todo neurótico (leia-se "normal") passa, é um momento doloroso chamado de "castração". Quando alguém não consegue fazer esse caminho de renúncias e gratificações — seja porque se apegou demais à mãe e não foi ajudado a se abrir para outras pessoas, ou porque, ao contrário, não teve um colo materno que lhe bastasse e ficou com esse "buraco" psíquico, ou ainda por outras histórias de vida complicadas —, o resultado pode ser uma identidade problemática. Em alguns casos mais graves, o indivíduo não construiu uma personalidade estável, podendo desenvolver uma *psicose* ou uma *perversão*.

Pois então, quando alguém for chamado de "neurótico", pode se sentir feliz de ser normal!

No entanto, quando o grau de neurose é alto, as pessoas desenvolvem sintomas que atrapalham seu cotidiano e também a relação consigo e com os outros. Por exemplo, na *neurose obsessiva*, o neurótico é torturado por pensamentos repetitivos e se obriga a cumprir certos atos, como voltar da rua para ver se desligou as luzes umas dez vezes seguidas... Na *fobia*, outro tipo de neurose, o indivíduo pode ter medo de andar de elevador, medo de sair de carro ou de olhar pessoas do mesmo sexo. E na *histeria*, um terceiro tipo de neurose, a pessoa é capaz de ficar doente fisicamente por causa de um sofrimento psíquico, ou seja, ela *somatiza*, transferindo para o corpo um conflito interno.

Quer ver um exemplo do inconsciente atuando sem a gente perceber? Minha vizinha Marina gostava muito de um colega, Pedro, que estudava com ela na quinta série. Um dia, ele aparece com uma namorada chamada Clara... Que decepção! Ela teve de fazer muita força para esquecer o Pedro. Muitos anos depois, o irmão dela se casou com uma moça que também se chamava... Clara. E, sem perceber, a Marina começou a tratar mal essa outra Clara, que não tinha nada a ver com a história. Resolvi conversar com minha vizinha:

— O que a Clara fez para você não gostar dela?

— Não sei, mas não vou com a cara dessa menina...

— Não seria porque o nome dela é "Clara"?

— Ué? O que tem esse nome?

— Você não lembra que o Pedro namorou uma Clara quando você gostava dele na escola?

Ela parou, pensou e levou um susto! Ela tinha esquecido dessa história, mas a história não tinha esquecido dela. A Marina *reprimiu* esse desejo frustrado (que é o tal barulho que a gente não quer mais ouvir e manda para o porão); porém a raiva que ela sentia da Clara (a namorada do Pedro) não morreu e reapareceu na pessoa errada, a mulher do irmão. Quando a gente pensa que esqueceu tudo, lá vêm nossos sentimentos de novo, fazendo confusão! A psicanálise diria que a Marina reviveu um sentimento passado (mas não superado) numa situação presente.

E o que a psicanálise propõe? Que as pessoas conversem com esses baderneiros do porão — com suas idéias indesejáveis, lembranças e emoções reprimidas, impulsos sexuais e agressivos — e assim possam voltar a conviver em paz consigo mesmas.

Mas essa é só uma hipótese entre várias possíveis. Outras linhas da psicologia poderão entender os mesmos fatos de modos diferentes. A diversidade humana permite infinitas maneiras de explicar os comportamentos e inúmeras formas de tratá-los.

Grandes nomes da psicanálise

Sándor Ferenczi (1873-1933) Psicanalista húngaro, interessou-se muito pelos estados hipnóides da mente e pelas relações primárias entre mãe e filho. Deu especial destaque à experiência humana do nascimento, entendida como a perda de um lugar originário, ao qual desejamos retornar.

Melanie Klein (1882-1960) Trouxe contribuições para o tratamento com crianças e para a clínica do *narcisismo*. Na análise kleiniana, o papel da *transferência* é fundamental, ou seja, o modo pelo qual o paciente se liga ao analista é o motor do processo analítico. Klein mostrou que, desde o nascimento, o bebê vive emoções muito intensas de amor e ódio em relação à mãe, o que gera culpa e ansiedade.

> "Transferência" é o nome que se dá à relação entre paciente e psicanalista. Na psicanálise acredita-se que, na sessão de análise, o paciente transfere sentimentos ao analista que originalmente pertencem a outras situações de sua vida. O analista pode ser visto pelo paciente como um chefe autoritário e muito exigente, quando na verdade é assim que o paciente sente a relação com seu próprio pai. Já as sensações e sentimentos que o paciente desperta no analista são chamados de "contratransferência".

Anna Freud (1895-1982) Filha do criador da psicanálise, Anna desenvolveu principalmente a teoria dos mecanismos de defesa do ego. Também se dedicou à análise de crianças.

Donald Woods Winnicott (1896-1971) Pediatra e psicanalista inglês, dedicou-se à clínica de bebês e elaborou os conceitos de "objeto transicional" (elementos que fazem a passagem do corpo da mãe para o mundo exterior — por exemplo, paninhos de berço, ursinhos etc.) e de "mãe suficientemente boa" (função materna capaz de oferecer segurança básica para as necessidades do bebê).

W. R. Bion (1897-1979) Bion acreditava que só há pensamento a partir da frustração. Quando a realidade nos frustra, segundo Bion, podemos fugir ou aprender com a experiência. Só assim nos transformamos e elaboramos nossos conflitos.

Jacques Lacan (1901-1981) Um dos principais nomes da psicanálise, Lacan introduziu, entre outros elementos, o tempo variável da sessão (em vez do padrão de cinqüenta minutos), trabalhando com a noção de "tempo lógico", ou seja, o analista interrompe a sessão quando o analisando expressa algo que pode abrir caminho para seu inconsciente. Lacan mostrou como o "sujeito do desejo", inconsciente e desconhecido, diferencia-se do "eu" que construímos a partir da relação com os outros. A análise tentaria desmontar nossas ilusões imaginárias e revelar nossos desejos autênticos.

Vocês já devem estar percebendo que nossa psique, para Freud, parece um sanduíche! De um lado estão os chamados impulsos de Eros (amor e ligação com as pessoas) e de Tânatos (destruição e desunião), que formam uma espécie de reservatório chamado id. De outro lado, o superego, que reúne todos os mandamentos, leis e regras de comportamento a serem seguidos. E no meio está o ego, uma espécie de organizador, que fica "comprimido" entre essas duas pressões. O ego tenta conciliar as forças impulsivas, que estão sempre querendo aparecer, com as proibições do superego.

Algumas pessoas têm um verdadeiro batalhão de policiais, um enorme superego dentro da mente, o que torna mais difícil entrar num acordo. Muita gente sofre porque é assim, e fica se proibindo tudo ou se julgando o tempo inteiro. Mas também há outras pessoas que não se censuram muito, quer dizer, têm um superego mais leve e podem realizar mais seus desejos, sem tanta repressão. Elas podem até se sentir bem porque não exigem muito de si, só que às vezes não é nada fácil conviver com elas: batem no seu carro e não querem pagar o conserto, dão em cima do seu namorado sem nenhum peso na consciência, colam na prova e não sentem culpa, passam na sua frente na fila e nem se preocupam etc. (estou exagerando um pouco, mas é só para mostrar dois tipos bem diferentes de pessoas).

Quanto aos sonhos e atos falhos, aprendi coisas muito interessantes, não só com a psicanálise, mas com outras teorias também. E acabei usando bastante no meu trabalho como psicóloga. É o que vou contar nos próximos capítulos deste livro.

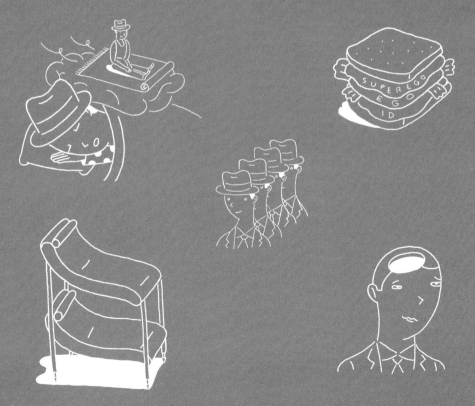

PSICÓLOGOS TAMBÉM SONHAM

Já no final da faculdade, fui me dando conta de que a psicanálise ajudava a entender muito do que acontecia em nosso cotidiano. Para Freud, mesmo os comportamentos que parecem absurdos e sem sentido têm uma razão de ser. Nada acontece por acaso. Se analisarmos bem nossos sonhos, por exemplo, veremos que eles revelam o que ficou empilhado e escondido no inconsciente. Lembra da repressão? Pois é. Durante o sono, ela fica bem mais fraca (os guardas também dormem...) e algo sempre pode escapar do porão.

Uma das coisas que o psicanalista faz na sessão é *interpretar* sonhos dos pacientes, quer dizer, dar um significado ao que foi sonhado. Também na Grécia antiga achava-se que os sonhos revelavam muito sobre a pessoa, porém naquela época o sonho não era algo que vinha de dentro do sonhador (de seu mundo interno), e sim uma mensagem enviada pelos deuses. Quando alguém estava doente, eles levavam essa pessoa para um templo, onde ela dormia até receber um sonho que curaria seus males.

Para os gregos antigos, enquanto o corpo dorme, a alma se liberta e recebe influências divinas. Ela pode mostrar por imagens o estado de saúde do sonhador e assim alertá-lo de seus males. Se os sonhos apenas repetem o que aconteceu durante o dia, o corpo está em ordem. Mas se aparecem lutas ou guerras, por exemplo, é sinal de que algo vai mal. Se o sonho mostra o Sol e a Lua de forma distorcida, então as partes do corpo que correspondem ao Sol (a visão) ou à Lua (o coração) podem ter algo errado. Sonhar com poços ou fontes indica como está o funcionamento dos rins e da urina; já os rios estariam relacionados ao sistema circulatório, e assim por diante.

Os gregos acreditavam que os sonhos podiam passar por duas portas diferentes: os sonhos falsos, confusos e sem importância são os que passam pela porta de marfim; os que passam pela porta de chifre são verdadeiros e se realizam.

Eles davam tanta importância aos sonhos — considerados oráculos, vozes divinas ou até divindades curativas — que construíram templos e realizaram sacrifícios para eles. Um dos templos mais visitados era o do deus Esculápio. Um paciente que quisesse ser tratado por meio dos sonhos entrava nesse lugar sagrado e deitava em sua *kliné* (daí veio a palavra "clínica"). Até ter o sonho certo, que iria curá-lo, o paciente ficava incubado (internado) dentro da *kliné*. E o que era o sonho certo? Era ser visitado pelo deus Esculápio, que aparecia como um homem barbado ou como um menino. Se isso acontecesse, o sonhador amanhecia curado!

Mas para quem o sonhador contava o sonho? No século VIII a.C., a figura mais parecida com o psicanalista de hoje era a do profeta ou sacerdote, geralmente intérprete do rei. Eles eram especialistas em analisar sonhos e interpretá-los, ou seja, traduzir numa linguagem compreensível aquilo que as pessoas tinham sonhado. O analista moderno já não acredita mais que o sonho seja enviado pelos deuses, porém concorda que ele pode ajudar na cura dos problemas psicológicos. Mas o analista não interpreta sozinho tais significados. Ele acha que as imagens ali contidas estão relacionadas à história de vida de cada sonhador. Por isso, o analista pergunta ao paciente o que ele pensa dessas imagens (em língua de psicanalista, a que ele as *associa*). Por exemplo: "Com quem se parece essa pessoa do sonho?", "De quem pode ser essa casa que você diz que não é sua?" etc. Juntos, analista e paciente vão tentando adivinhar a charada do sonho, como uma historinha que esconde outra historinha.

Por que os pacientes deitam no divã?

Nem todos os analistas têm um divã na sala, e nem todos os pacientes querem deitar no divã. Mas o divã está muito associado à psicanálise. Freud achava que, deitado, o paciente teria mais condições de se deixar levar por suas associações, sem tanto controle de sua mente consciente. A própria postura horizontal, próxima ao sono, propiciaria o surgimento de lembranças, emoções guardadas, cenas presentes e passadas. Não ver o analista favorece ao paciente olhar para si mesmo e para seu mundo interno. O divã também ajuda o analista, que fica livre dos olhares controladores dos analisandos (outro nome para os pacientes em análise) e pode escutar com mais atenção. Tem gente que adora deitar no divã e, dependendo do horário da sessão, até tira uma sonequinha...

Não saia espalhando por aí, mas vou contar um sonho que tive quando terminei a faculdade.

Faltavam alguns dias para a formatura e eu estava feliz, mas também preocupada, pois não sabia se ia conseguir emprego como psicóloga. Aliás, todos os que se formavam comigo estavam se sentindo um pouco assim. Mas cada um viveu de um jeito diferente a entrada na vida profissional.

No meu caso, eu pensava que depois de formada eu seria uma pessoa adulta, com muitas responsabilidades e sem direito a diversão... Acho que no fundo eu não queria me formar, mesmo desejando ser independente dos meus pais e ter meu próprio dinheiro. Dá para entender essa confusão de sentimentos?

O sonho era assim: no dia da formatura eu levantava, procurava minhas roupas, mas não encontrava. Procurava por toda a casa, e nada. As horas iam passando e eu não sabia o que vestir.

Comecei a ficar aflita! Minha vontade era voltar para a cama e…
tomar um copo de leite. Procuro minha mãe e peço para ela me
ajudar. Ela diz: "Use minhas roupas". Tento colocar um vestido
dela, mas não me serve. E agora? Vou para a formatura enrolada
numa toalha de banho. Quando chego lá, vejo que a festa já acabou e acordo assustada!

"Que sonho maluco!", pensei. Você acha que esse sonho tem
algum sentido? Um psicanalista diria que sim. Tantos desejos e
medos misturados! Quer ver? No sonho, eu encontro um jeito
de não me formar e continuar sendo criança, a filhinha da ma-
mãe (e olha que eu já tinha 22 anos!). Eu não acho — ou não
quero achar — minhas roupas (e isso pode significar a dificuldade de assumir meu novo papel profissional, a "roupa" de psicóloga) e quero tomar leite (como um bebê que ainda não
cresceu…). Além disso, fico bem dependente da minha mãe,
vestindo as roupas dela, que não me servem (nem poderiam,
porque cada um deve achar seu jeito de ser). E a cena em que eu
me enrolo na toalha de banho? Bom, talvez eu me sentisse muito
exposta, quase nua, sem proteção, ao entrar no mundo adulto do
mercado de trabalho.

Quando percebo que perdi a festa de formatura, fico aflita.
Porque minha vontade de seguir a profissão também existe, mas
está perdida no meio de tanto medo. No sonho fico bem frustrada
por não ter conseguido acompanhar minha turma…

Não foi nada agradável reconhecer, nesse sonho, meu medo
de enfrentar os desafios da realidade. Medo que estava bem
escondidinho no inconsciente. Mas ainda bem que, ao lembrar o
sonho, pude conhecer mais sobre mim mesma e aprender a
crescer.

Você já ouviu falar do **mito de Narciso**? Freud se inspirou nele para explicar o conceito de narcisismo. O mito da Grécia antiga conta a história de um rapaz chamado Narciso, que não dava a menor atenção para as ninfas e mulheres mortais que caíam de amores por ele. Até que um dia Narciso contemplou a própria imagem no espelho das águas de um lago e apaixonou-se por si mesmo. Tentando tocar a imagem refletida no espelho, o rapaz se afogou. No lugar em que Narciso morreu, nasceu uma flor com o nome dele. Todos nós já fomos Narciso, explica Freud. Antes mesmo de completarmos um ano, vivemos a onipotência de perceber o mundo como se fôssemos o centro de tudo. Também nos apaixonamos por nossa imagem no espelho, e com muito custo vamos sendo arrancados dessa ilusão de perfeição. Mesmo adultos, depois de termos aprendido arduamente que não somos o que idealizamos, ainda podemos nos sentir assim. É verdade que uma dose de narcisismo é importante para termos auto-estima e confiarmos em nós mesmos. O problema é quando esse afeto se torna doentio. É muito comum, por exemplo, as modelos que desfilam e vivem de sua bela imagem na mídia se tornarem anoréxicas (emagrecimento que pode ser fatal), para corresponderem ao padrão ideal de beleza e assim garantirem o lugar entre as top models.

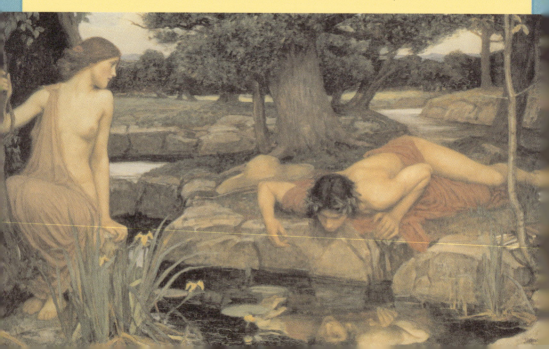

Também as pessoas que não aceitam as diferenças dos outros (de cor, raça, credo etc.), chegando a cometer violência contra os que não são sua imagem e semelhança, poderiam de certo modo ser consideradas narcisistas, pois desprezam o que não é igual a elas mesmas. Como diz a música "Sampa", de Caetano Veloso: "Narciso acha feio o que não é espelho"...

Bem, já que contei um sonho, posso me expor um pouco mais e narrar uma experiência que tive na sexta série, uma história que foi um verdadeiro nocaute no meu narcisismo. Um dia, fui convidada pela diretora para representar minha escola num programa de TV sobre as macabíadas (olimpíadas entre escolas judaicas). Eu era uma boa esportista e poderia falar de minhas conquistas de medalhas. Fiquei em êxtase! Só eu, da escola inteira, iria aparecer na TV! Minha vaidade foi tanta que me atrasei meia hora arrumando os cabelos. Mas não gostei do penteado. Minha mãe já não sabia o que fazer para me agradar, e as lágrimas foram saindo sem controle. Meu pai, para piorar, ainda disse: "Você está ficando feia com esses olhos vermelhos". Mais choro... No estúdio, nem consegui ouvir as perguntas de tanto nervosismo. Eu me achava o centro das atenções e queria que todos me elogiassem... Não poderia falhar, parecer imperfeita, gaguejar... Ora eu me sentia o máximo, ora achava que todos reparavam nos meus cabelos mal penteados e me sentia um fracasso! Voltei para casa completamente frustrada. Quanto maior é nosso narcisismo, maior a dor de não sermos tudo o que imaginamos. Só depois pude aceitar que eu era mais uma entre outras crianças que também estavam representando suas escolas. Eu não era a única, nem a melhor. Foi um enorme (e necessário) golpe no meu narcisismo!

E os atos falhos, o que seriam? Já aconteceu de você usar uma palavra no lugar de outra e ficar bem envergonhado por isso? Eu estava no elevador, um dia desses, e entrou uma moça bem bonita carregando um grande *pacote*. O ascensorista virou-se para ela e disse: "A senhorita gostaria que eu carregasse o seu *decote*?". O coitado ficou roxo de vergonha! Ele queria falar "pacote" e falou "decote"... Isso é um ato falho, ou seja, a censura falha na hora de reprimir o desejo que deveria ficar escondido. O rapaz bem que gostaria de tocar no decote da moça, mas...

E quando a gente esquece de colocar o despertador na segunda-feira para ir à escola? Pode ser um ato falho. O desejo é dormir, mas o dever é estudar. No conflito entre os dois (desejos e deveres), podemos cometer enganos, esquecimentos ou, nos casos mais graves, formar sintomas.

Lembro de uma colega de faculdade, a Sônia, que tinha dor de cabeça toda sexta-feira! Não havia jeito de entender aquilo, até que ela e sua psicanalista, depois de muitas sessões de análise, perceberam a causa do problema. Na infância, Sônia costumava viajar com os pais todo final de semana, coisa que ela adorava. Mas a família empobreceu e parou de viajar. Então Sônia teve de ajudar os pais, que ficaram mais velhos e sem trabalho, cuidando deles e da casa. Podemos formular, agora, uma entre várias explicações possíveis para o sintoma da paciente: uma vez por semana, o corpo de Sônia relembrava seus tempos de criança, pois obrigava ela mesma a ser cuidada pelos pais em casa com dor de cabeça...

Como eu disse antes, os desejos e impulsos não gostam muito de ficar no porão.

Um dos assuntos mais comentados pela psicanálise é o **complexo de Édipo**. Freud se inspirou na tragédia grega *Édipo Rei*, de Sófocles (496 a.C.-406 a.C.), que é baseada no mito de Édipo. Vou resumir a história desse mito para você conhecê-lo melhor.

Laio, o rei de Tebas, vai consultar o oráculo para saber seu destino. Ele é advertido de que não deve gerar filhos. Se tiver um filho, será morto por ele, e outras desgraças ocorrerão. Mas de início Laio não acredita, e sua esposa Jocasta dá à luz um menino. Com medo de alguma conseqüência de seu ato, Laio manda furar os tornozelos do recém-nascido e amarrá-lo a uma árvore para que morra na montanha (Édipo significa "pés inchados"). Mas a criança é salva por um pastor, que a leva a Corinto. Lá, Édipo é adotado pelo rei Polibo.

Adulto, Édipo descobre que é adotivo e consulta o oráculo. A previsão se repete: o rapaz matará o pai e se casará com a mãe. Édipo foge em direção a Tebas para evitar a realização do destino previsto. No caminho, confronta-se com os ocupantes de uma carruagem e acaba matando um deles. Era Laio, rei de Tebas, seu próprio pai. Sem saber, Édipo realiza a primeira das profecias do oráculo.

Seguindo viagem, Édipo encontra a Esfinge, um monstro metade leão, metade mulher, que devora os viajantes que não decifram seus enigmas, atormentando a população de Tebas. A Esfinge desafia Édipo com o seguinte enigma: "Qual é o animal que de manhã anda com quatro patas, ao meio-dia com duas e à tarde com três?". "É o homem", responde Édipo (na infância a criança engatinha, na idade adulta fica de pé nas duas pernas, e na velhice precisa de uma bengala). Vendo solucionado seu enigma, a Esfinge fica furiosa e se mata. É assim que Édipo salva a cidade. O rapaz se torna rei e casa-se com Jocasta, a rainha viúva de Laio e sua mãe. Mais uma vez o destino se cumpre, sem que Édipo tenha consciência do que fez.

Após algum tempo, uma peste terrível se abate sobre Tebas. Consultado novamente, o oráculo adverte: para acabar com a peste, é preciso castigar o assassino de Laio. Édipo conduz as investigações, e descobre que ele mesmo matou o pai e casou-se com a mãe. Horrorizado, fura os próprios olhos e se exila da cidade, enquanto Jocasta se enforca.

O drama de Édipo leva Freud a pensar um conjunto de afetos que é determinante para a formação da personalidade. Entre os dois e os cinco anos, mais ou menos, o menino tem pela mãe um amor enorme e vê o pai como o rival que atrapalha sua exclusividade com ela. Esse amor incestuoso terá que ser limitado pelo pai, gerando ódio e ciúme no filho. Ele inveja o pai por possuir a mãe que ele tanto ama. Mas como desistir dessa paixão?

Para explicar isso, preciso falar das teorias sexuais que dizem respeito à infância. Para as crianças dessa fase, só existe um sexo: o masculino. Todos têm pênis! Mas como fica a diferença entre meninos e meninas? Bem, se as meninas não têm, a fantasia é de que devem ter perdido seu pênis. Daí o medo dos meninos de também perderem seu órgão bastante valorizado se... continuarem amando a mãe e odiando o pai. É o chamado "temor da castração". Com isso, o menino é impelido a desistir da mãe; ele se identifica com o pai como modelo, e aceita as normas sociais. E a menina? Quando percebe que "perdeu" o pênis, culpa a mãe por isso e a desvaloriza, desviando seu amor para o pai, bem como seu desejo de reaver aquilo que perdeu. E então ela vive seu complexo de Édipo, cheio de invejas e rivalidades com a mãe. A menina sai desse impasse quando percebe que o pai não lhe dará o que ela deseja. Além disso, o medo de perder o afeto da mãe faz com que ela se afaste do pai e se identifique com a mulher que o possui, ou seja, a mãe.

Nossa vida adulta carrega as marcas de todo esse processo. Lívia, uma vizinha, sofria muito porque só se interessava pelos maridos das amigas. Um psicanalista poderia pensar que ela não superou seu complexo de Édipo: continua desejando objetos de amor proibidos...

MINHA ÁRVORE

Meu interesse pela psicanálise continuou crescendo depois da faculdade. Mas outras teorias também me atraíram muito. Foi o caso da psicologia analítica de **Carl Gustav Jung** (1875-1961), um psiquiatra suíço, discípulo de Freud. Jung discordou seriamente de seu mestre e fundou uma escola própria, muito importante entre os psicólogos interessados por mitos, lendas, rituais religiosos e arte em geral.

Junto com outros psicólogos, formei um grupo de estudo para ler mais sobre a teoria de Jung. Eu gostava especialmente de uma parte que falava do *processo de individuação*. Para Jung, o homem nasce com uma tendência natural para desenvolver todos os lados de sua personalidade, buscando uma realização total do *self* (ou, em português, o "si mesmo", que seria o centro da nossa identidade). Ele disse que as pessoas são como sementes de árvores. Já está lá dentro tudo o que podemos vir a ser, mas depende das condições que tivermos para a árvore crescer forte e sadia. Se não regarmos, ela ficará miudinha... Cada um é a semente de uma planta diferente, e podemos passar a vida tentando descobrir qual é nosso tipo de árvore.

Muita gente reclama que não se sente feliz com o que faz ou com o que é. Talvez, diria Jung, essa pessoa esteja vivendo como uma macieira, quando sua semente é de jabuticaba! Mas por que as pessoas se afastam ou se desviam do seu *self* (considerado por Jung como o motor do nosso crescimento)?

Uma entre milhões de outras razões (tantas quantas são as pessoas e suas diferentes histórias de vida) é que somos levados a nos adaptar às necessidades externas, e acabamos vivendo só uma parte do nosso potencial. Esse lado mais dirigido para a vida social é chamado de *persona* (que significa "máscara"). Como num teatro, usamos várias máscaras dependendo das situações que vivemos no cotidiano: podemos ser o aluno aplicado, o filho rebelde, o amigo carinhoso, o marido autoritário, o trabalhador competente e um monte de outras personas necessárias para o dia-a-dia. Não somos iguais em cada uma delas e trocamos de papéis (ou de "personas") várias vezes.

Há máscaras mais semelhantes ao que somos por dentro, e outras que são mais enganadoras. Às vezes, quando estou ansiosa, faço uma cara de que sei tudo, mas no fundo estou bastante insegura. Ainda bem que volto logo para minha cara normal, principalmente quando estou com pessoas que não se importam se eu disser "não sei"…

O problema, diz Jung, não é o fato de termos personas, já que é impossível viver sem elas no cotidiano. A coisa complica quando ficamos grudados nessa máscara, sem poder experimentar outros jeitos de ser. É como aquele aluno que já se habituou a ser o bagunceiro da turma, ou o engraçadinho do grupo, ou o invocado da classe, e não consegue mais sair desse lugar (dessa persona). A análise junguiana vai tentar descolar, desgrudar o paciente dessa imagem que o prende e ajudá-lo a realizar mais partes do seu *self*. E sabe o que vamos descobrindo durante todo o nosso *processo de individuação* (que ocorre a vida inteira)? Partes desconhecidas ou mesmo rejeitadas por nós, que Jung chamou de *sombra*.

Faça a seguinte experiência: aponte uma lanterna sobre uma bola de futebol. A parte clara, iluminada, é o que você conhece e sabe sobre você. A parte escura é sua sombra, inconsciente e despercebida até você dar atenção a ela, por exemplo fazendo análise... Quanto mais a gente vai se conhecendo, mais a bola vai se iluminando.

Jung ficou impressionado ao saber que pessoas de culturas e épocas muito diferentes sonham imagens bastante parecidas. Um de seus pacientes, um sujeito pobre e analfabeto, sonhou com a figura de um homem crucificado numa roda. Tempos depois, Jung encontrou a mesma imagem num livro raro de mitologia grega: era a velha roda do Sol, construída para sacrifícios ao Rei Sol, e uma das idéias religiosas mais antigas do mundo. Como aquele paciente poderia ter visto a figura? Comparando símbolos de várias épocas históricas, Jung chegou à conclusão de que não haveria apenas o inconsciente pessoal (como queria Freud), mas também um *inconsciente coletivo*, capaz de produzir imagens semelhantes ao longo da história da humanidade. Exemplos não faltam nos contos de fadas, nas religiões e nos mitos das culturas mais diversas: dragões, deusas, heróis, bruxas, príncipes, magos, duendes etc. Todos podem surgir com roupagens diferentes, mas representam as mesmas forças psicológicas presentes em cada um de nós. Jung chamou de arquétipos (do grego *arché*, arcaico, antigo) a essas essências universais, que mudam de forma mas simbolizam conteúdos semelhantes. Para Jung, somos mais parecidos com os povos de antigamente do que imaginamos.

O herói Teseu e o minotauro

Quanto ao processo de individuação, dou meu próprio exemplo:

saí da faculdade em 1981, achando que poderia controlar direitinho todo o meu futuro profissional. Eu pensava assim: primeiro estudaria muito todas as áreas da psicologia, depois escolheria aquela de que eu mais gostasse. Então eu levaria meu histórico escolar (as matérias que cursei e as notas que tive em cada uma delas) a vários locais de trabalho e esperaria que um deles me chamasse para começar a profissão. Fácil, né? Até parece que as coisas acontecem exatamente como a gente quer...

E sabe o que aconteceu comigo? Foi muito diferente do que eu imaginei. Pouco tempo depois da formatura, recebi um convite de dois amigos de turma, o Osmar e a Lúcia, que eram donos de uma escola, para eu ser a orientadora educacional do ensino médio! Que superoportunidade para uma recém-formada!

"Será que eu consigo? Sem experiência anterior, sem preparo especial? E se eu errar muito?", pensei comigo. Para uma pessoa como eu, que não gosta de correr riscos, seria um enorme desafio começar um trabalho sem saber tudo antes... (Como se existisse alguém que já começa sabendo tudo!) Será que eu conseguiria simplesmente apostar na capacidade de aprender com cada nova situação, agüentando os inevitáveis erros?...

Essa seria minha sombra, meu lado escuro e pouco desenvolvido: experimentar situações sem tanto controle, saber que não dou conta de tudo sozinha, reconhecer meus limites e pedir ajuda quando preciso. Por trás da persona profissional se escondem as dúvidas e fragilidades.

Pois devo confessar que foi minha analista, na época, quem me ajudou a enfrentar essa primeira provação profissional. A tal máscara da "psicóloga exemplar" começou a ser desmontada, abrindo espaço para os erros, as dúvidas, as frustrações, as críticas. E não é que a gente fica mais forte e começa a crescer de verdade?

Foi assim que comecei a regar minha árvore profissional. Aceitei o trabalho no Colégio Oswald de Andrade/Caravelas, em São Paulo, e lá fiquei por mais de dezessete anos! Ali foi meu "batismo" profissional, quer dizer, minha iniciação, meu caminho de aprendiz. No começo, eu estava insegura e cheia de dúvidas; com o tempo, fiquei mais confiante e entusiasmada com a profissão.

A PSICOLOGIA NA ESCOLA

O que mais me agradava no trabalho de orientadora era poder conversar com tantas pessoas diferentes. Às vezes, num mesmo dia, eu chamava (ou era chamada por) alunos, professores, pais, diretores. E com cada um eu descobria alguma coisa nova, aprendia um pouco mais sobre as pessoas, sobre educação e sobre minha profissão.

Uma escola é um lugar muito movimentado. Toda hora tem uma novidade acontecendo! Eventos, reuniões, entrevistas, festas, apresentações de alunos, brigas, aulas diferentes etc. E o que faz o psicólogo no meio disso tudo? Tenta ajudar as pessoas a aproveitar da melhor forma possível a experiência de aprender umas com as outras. Faz parte do trabalho dar dicas para o professor bolar uma aula mais gostosa e mais produtiva; montar com o aluno um plano de estudos para que ele se organize melhor em casa; acalmar pais muito ansiosos quanto ao futuro profissional dos filhos… Eram essas, entre outras, as minhas atividades diárias. Quanta coisa!

Sempre achei que meu trabalho era mais *esclarecer* do que *resolver* problemas. O mais difícil era fazer isso nas classes de trinta alunos, com tanta gente querendo falar, opinar, criticar… Numa dessas vezes, entrei no último ano do ensino médio para conversar com os alunos sobre as queixas que os professores andavam fazendo deles. "Eles eram tão produtivos até o ano passado!", diziam os professores. "E agora estão bagunçando, sem vontade de contribuir com a aula, brincando o tempo todo."

O que estaria acontecendo? Lá fui eu ouvir os alunos. Era tanto barulho que eu não conseguia entender nada! Senti na pele o que os professores estavam vivendo naquela classe. Então, já que não conseguia ser ouvida por eles, pedi que escrevessem num papel o motivo de falarem tanto em aula. E foi incrível! Houve um enorme silêncio, todos ficaram concentrados escrevendo...

Depois comecei a ler os papéis: "Eu brinco nas aulas porque já estou me formando e não tenho mais nada para aprender"; "Eu falo muito porque estou pensando no vestibular"; "Eu converso com meu colega do lado porque é meu último ano e quero aproveitar as amizades...". E assim fui lendo. Primeiro todos riam muito a cada frase, mas no final ficaram sérios, pensativos. Uma aluna chamada Adriana pediu a palavra:

— Puxa, Yudith, vamos falar mais disso? A bagunça está bem grande mesmo.

— É, está bem chato assistir aula e queremos terminar logo o ano — disse Cristina.

— Por que tanta pressa? — perguntei.

— São muitos anos de escola e já estamos cansados — respondeu Pedro.

— Mas é desse jeito que vocês querem ir embora? — disse eu. — Pelo que eu li nos papéis, vocês já "acabaram" o ano e ainda estamos em abril... Acho mais é que vocês querem fazer essa classe ficar bem ruim para não ter saudades depois. Vocês gostam tanto uns dos outros que deve ser difícil aceitar que cada um vai seguir seu próprio caminho, né?

Nessa hora, lembrei de mim e da minha formatura. Lembrei do meu medo de enfrentar a vida fora da escola. Será que eles não estariam inseguros de perder as amizades? Com medo de sentir falta da turma e dos professores? Talvez por isso, sem perceber, estivessem boicotando o trabalho. Sem estudo, sem aula, sem relação com os professores, seria mais fácil ir embora. Arrisquei um palpite:

— E se, ao contrário dessa bagunça toda que atrapalha bastante todo mundo, nós sugerirmos aos professores que preparem aulas em que vocês fiquem ainda mais perto deles e dos seus amigos? Aulas tão legais que sejam inesquecíveis, que vocês possam levar dentro de vocês quando saírem daqui. Depois, vai ser muito ruim ficar lamentando a classe que vocês poderiam ter sido e não foram...

— Como assim? — perguntou o aluno Sérgio.

— Que tal vocês conversarem com cada professor para descobrir um modo de terminar bem o ano? Tenho certeza de que, se as coisas continuarem deste jeito, eles não vão querer se lembrar muito de vocês...

Não sei bem se foi por causa do que eu falei, mas sei que eles se olharam, cochicharam alguma coisa e concordaram em tentar.

Para cada entrada em sala como essa (que eu adorei e guardo para sempre), há um monte de outras bem ruins... Mas ser orientador numa escola é assim. Às vezes dá certo, os alunos confiam e acabam mudando de atitude. Outras vezes, quando a gente não entende o que está acontecendo, o papo não convence e não adianta nada...

Seja como for, minha vida de orientadora foi muito feliz. Na mesma escola, ainda tive a oportunidade de ser *coordenadora pedagógica* do ensino médio, quer dizer, trabalhar mais com os professores, discutindo cursos e estratégias de aula. Sofri um pouco quando me vi mais afastada dos alunos nessa função, mas foi bom experimentar outras responsabilidades e aprender atividades diferentes.

Depois de quinze anos como orientadora e dois na coordenação, senti que era hora de mudar de ambiente e de trabalho. Achei que eu precisava de um novo salto de independência e autonomia: fui trabalhar como psicóloga clínica num consultório com vários colegas. Mais um desafio para meu *processo de individuação*...

ENFIM, MEU PACIENTE!

Existem profissões que têm seu ponto máximo ou sua fama na juventude. É assim com os esportistas, os bailarinos, os modelos. Mas há outras que são como o vinho, vão melhorando com o tempo. A psicologia é desse time de profissões, porque a maturidade é uma ótima escola para formar um bom psicólogo. A chamada "experiência de vida" conta muito para a gente *empatizar* — quer dizer, sentir junto — com o paciente. E também ajuda a tomar distância dos problemas dos outros, para melhor escutá-los.

Geralmente, as pessoas se formam e logo abrem seus consultórios. No meu caso não foi assim. Só depois de muitos anos como psicóloga em escola é que resolvi arriscar a clínica. Senti que já estava mais madura para contar comigo mesma na profissão.

Numa escola, trabalhamos muito em equipe, dividindo as responsabilidades e discutindo tudo em grupo. Já na clínica, é só o psicólogo e seu paciente. É claro que todo psicólogo está "acompanhado" pela teoria que estuda, pela *supervisão* que faz e por sua própria *análise* ou *terapia*. Mas, na hora da sessão, não há ninguém para a gente perguntar o que fazer quando a conversa fica difícil...

A solidão aumenta, mas também é muito gostoso ver a relação crescendo, o paciente melhorando e a gente confiando cada vez mais no trabalho.

O tripé da profissão

A formação e o preparo do psicólogo nunca terminam. Depois da faculdade, é preciso continuar estudando, procurar pessoas mais experientes que orientem nosso trabalho e dar seqüência ao processo de autoconhecimento numa análise ou terapia. O tripé da profissão seria assim:

1. Estudar muito a teoria que a gente escolheu para entender o comportamento humano (behaviorismo? psicanálise? psicologia junguiana?). Há sempre livros novos sobre essas teorias sendo publicados, e esses livros fazem a gente conhecer mais sobre elas. Também podemos participar de grupos de estudo, reuniões de especialistas ou congressos sobre vários temas de psicologia, onde pessoas falam de suas descobertas e experiências para um público interessado no assunto. Por exemplo: congresso sobre depressão, congresso sobre drogas, congresso sobre psicanálise de crianças etc.

2. Procurar um supervisor, ou seja, alguém que conhece bem o tipo de trabalho que a gente faz. O que se faz na supervisão? Sabe quando você mostra sua lição de casa para o professor corrigir, apontar onde não está bom, onde você acertou e como seguir em frente? É mais ou menos isso que acontece numa supervisão.

Geralmente, levamos ao supervisor uma sessão transcrita de um caso que estamos atendendo ("caso" é como os psicólogos chamam os pacientes e seu estado psicológico num determinado momento). Contamos ao supervisor tudo o que foi dito pelo paciente e por nós. Esclarecemos as dúvidas e ouvimos críticas, sugestões, idéias novas que melhorem nosso desempenho profissional. Sem supervisão, ficamos muito sozinhos e podemos demorar muito mais para aprender com nossos erros.

3. Fazer nossa própria terapia ou análise, para que possamos sofrer menos com nossas ansiedades, compreender melhor nossas dificuldades, melhorar nossos relacionamentos e não confundir os sentimentos dos pacientes com os nossos e vice-versa.

É fácil perceber como é importante o psicólogo pensar sobre si mesmo na sua própria análise: imagine que você está com inveja de um paciente porque ele passou no vestibular para medicina e você, quando era adolescente, quis muito ser médico mas não conseguiu entrar na faculdade. Acabou indo fazer psicologia... Como será analisar esse paciente sentindo inveja dele?

Até aí, tudo bem. A gente sempre vai sentir algo em relação aos pacientes. Mas você vai ter que separar muito bem as coisas, né? Se você não sabe (não tem consciência) que está sendo invejoso, é capaz de falar coisas sem perceber e estragar o prazer da conquista desse paciente. Coisas como: "Puxa, você já pensou se vai agüentar essa profissão? Ser médico é tão sacrificado, não tem feriado, não tem sossego...". Que feio, né? É evidente que você não resolveu sua frustração com o vestibular e está atrapalhando o processo do seu paciente. Por isso, mais uma vez: "Conhece-te a ti mesmo"!

Minha primeira paciente apareceu antes mesmo de eu ter uma sala para atendê-la... Era uma moça de dezenove anos, que pediu uma indicação de psicólogo para minha amiga Cristiane. Lembro da conversa pelo telefone:

— Yudith, quero te indicar uma paciente. Arranje logo um consultório!

— Mas... mas... eu ainda não sei se vou... se quero... se vai dar...

— Você não disse que ia começar a atender? Então! Já tem uma paciente na fila de espera.

Mesmo tendo decidido começar meu consultório — e minha vontade era seguir a linha da psicanálise —, a iminência de atender um paciente me deixou em pânico! Será que essa moça vai querer ficar? E se eu não entender o que ela está sentindo? De novo, eu me enchia de críticas antes de experimentar a nova situação.

Em uma semana, eu já tinha um endereço profissional. Era um consultório com vários colegas, e uma amiga me emprestaria a sala dela. Eu nem acreditava que depois de tantos anos começaria uma carreira de psicóloga clínica!

O caso era o seguinte: Clarice estava indecisa sobre se continuava na faculdade de engenharia ou mudava para pedagogia. Veio procurando uma orientação profissional, que é uma das áreas de atuação do psicólogo. Eu já tinha feito cursos nesse campo e também já havia atendido adolescentes em orientação vocacional na clínica da faculdade. Mas o mais importante para que eu me sentisse capaz de aceitar atendê-la foram os anos de orientadora em escola, onde também oferecíamos um serviço de orientação para a escolha profissional dos alunos.

Clarice me contou, na primeira entrevista, que se sentia mal entre tantos alunos homens no curso de engenharia. Ela achava que seria melhor optar por uma carreira mais feminina. Contou que os pais não concordavam com a escolha daquele curso, e ela vivia angustiada com medo de decepcioná-los. Falou dos seus tempos de criança, quando brincava de montar e desmontar objetos e de como, mais tarde, ficou interessada em construir estradas, edifícios, cidades... No final da sessão ela desatou a chorar, lembrando de coisas que quis muito fazer e ser, mas não conseguiu.

No final da terceira entrevista, resolvi propor a Clarice que, em vez de orientação profissional, ela começasse uma terapia. Havia muitas coisas importantes na sua história de vida que ela parecia querer me contar, e que precisariam de mais espaço para serem pensadas. Propus que nos encontrássemos uma vez por semana e dei meu preço por sessão. Clarice ficou em silêncio, pensou um pouco e disse:

— Eu achava que você ia me dizer o que fazer da minha vida. Mas estou vendo que sou eu que vou ter de pensar e decidir.

— Parece que você quer ser o que os outros determinarem para você. Seus pais, seu terapeuta... E você? O que você deseja para si mesma?

— Não sei…

— Quem sabe a terapia possa ajudá-la a descobrir.

— Vou pensar se volto na próxima semana.

Para mim, a espera da sessão seguinte foi longa e ansiosa. Fiquei lembrando de cada palavra de Clarice, das minhas falas, do seu choro. Será que ela voltaria? Bem, você não precisa ficar no mesmo suspense em que eu fiquei. Conto logo que Clarice voltou. Um pouco desconfiada, e frustrada por eu não ser a bola de cristal que ela esperava. Mas ficou em terapia comigo durante cinco anos. Seria preciso escrever um outro livro para contar tudo o que fomos vivendo e aprendendo juntas!

Ah, já ia esquecendo: ela hoje trabalha como engenheira civil numa grande construtora.

Continuei atendendo adolescentes e adultos no meu consultório durante dez anos. Levei vários casos para supervisão e estudei bastante a teoria da psicanálise.

Mas o que eu gostaria de contar para você é que só recentemente pude "encerrar" dentro de mim aquele acaso do vestibular de letras. Hoje sou professora de literatura brasileira na faculdade, e uma das minhas atividades preferidas é analisar textos literários, relacionando-os com a psicanálise.

Esses são os fios da minha história. Eles se juntam em muitas partes do meu caminho. Outras vezes, ficam espalhados e embaraçados. Mas quem disse que a vida é um novelo de fios bem enroladinhos e comportados? O que importa mesmo — e isso eu tenho aprendido com a psicologia — é não ter medo de desejar. Mesmo que nossos desejos não se realizem, permitir que eles existam dentro de nós é o primeiro passo para nossa saúde psíquica.

YUDITH ROSENBAUM nasceu em São Paulo, em 22 de agosto de 1959. Formou-se psicóloga em 1981, pela PUC-SP, e depois fez mestrado e doutorado em letras na USP. Publicou três livros: *Manuel Bandeira: Uma poesia da ausência* [Edusp/Imago, 1993], *Metamorfoses do mal: Uma leitura de Clarice Lispector* [Edusp/Fapesp, 1999] e *Clarice Lispector* [Publifolha, 2002, série Folha Explica].

Com a psicologia, aprendeu que nenhum indivíduo é igual ao outro, e que todos querem ser entendidos e amados. Com os filhos, percebeu que nenhuma psicologia, sozinha, é capaz de explicar e resolver os conflitos do crescimento. Mas, como psicóloga, a autora deste livro tem tido o prazer de conhecer outras faces do ser humano que o nosso dia-a-dia esconde.